DYDDIADUR GBARA

DYDDIADUR GBARA

Bethan Gwanas

Argraffiad cyntaf: Tachwedd 1997

ⓗ *Bethan Gwanas*

Rhif Llyfr Safonol Rhyngwladol:
0-86381-449-2

Clawr: Alan Jôs

*Argraffwyd a chyhoeddwyd gan Wasg Carreg Gwalch,
Iard yr Orsaf, Llanrwst, Dyffryn Conwy LL26 0EH.
☎ 01492 642031*

I'r Teulu

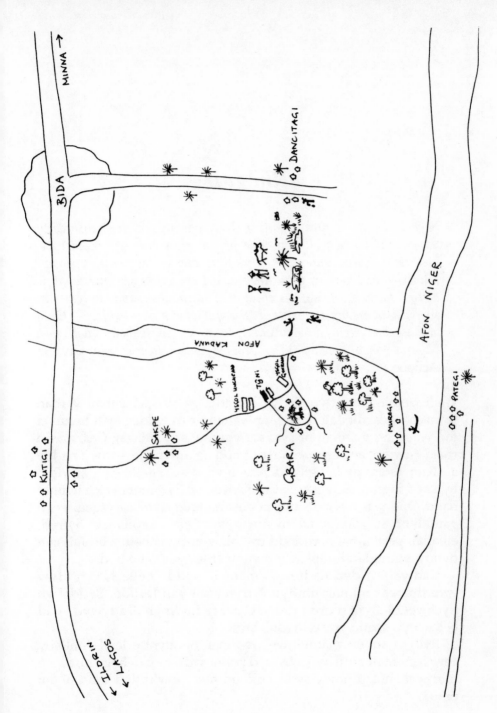

7

Rhagair

Nigeria is not a great country. It is one of the most disorderly nations in the world. It is one of the most corrupt, insensitive, inefficient places under the sun. It is one of the most expensive countries and one of those that give least value for money. It is dirty, callous, noisy, ostentatious, dishonest and vulgar. In short, it is among the most unpleasant places on earth! . . . Only a masochist with an exuberant taste for self-violence will pick Nigeria for a holiday. (The Trouble with Nigeria gan **Chinua Achebe.**)

Wedi treulio dwy flynedd yn Nigeria, gallaf gadarnhau y rhan fwyaf o'r gosodiadau uchod, ar wahân i'r frawddeg sy'n honni ei fod yn un o'r mannau mwyaf annymunol ar y ddaear. Oes, mae'n rhaid chwilio, ac oes mae'n rhaid bod ag amynedd – mwy na Job a'r Fam Teresa gyda'i gilydd. Mae'n wlad sy'n gallu eich gwylltio hyd at ddagrau, eich gyrru at y dibyn ac yn llythrennol eich hanner lladd. Ond mae'n wlad llawn pobol arbennig iawn, a dysgais wersi ganddynt a fydd gyda mi am byth. Cefais brofiadau hyfryd, eiliadau perffaith a'm cododd uwchlaw unrhyw beth a brofais cyn hynny, munudau hudol sy'n mynnu aros gyda mi o hyd.

Cadwais ddyddiaduron manwl sydd bellach yn fwy gwerthfawr i mi nag unrhyw lyfryn arall o'm heiddo. Byddaf yn dychwelyd atynt o dro i dro, a chael fy hudo yn ôl i fywyd sydd bellach yn swnio yn arallfydol, bron.

Rydw i am eu rhannu; wel, rhannau ohonynt o leiaf. Efallai y cewch chithau brofi byd a bywyd pobol sydd mor debyg i ni, ac eto mor wahanol, a phwy sydd i ddeud mai ni sy'n dod allan ohoni orau?

Pam mynd yno o gwbl? Ro'n i wastad wedi bod yn grwydryn, ac am weld rhywfaint o'r byd cyn bodloni ar fy milltir sgwâr a morgais a chyfrifoldebau felly. Pan glywais sôn am VSO, gwyddwn yn syth mai dyna'r oeddwn i am ei wneud.

Elusen ydi *Voluntary Service Overseas*, yn cynorthwyo gwledydd 'y trydydd byd', nid ar ffurf arian, bwyd nac offer, ond trwy yrru pobol. Dyma'r asiantaeth gwirfoddolwyr annibynnol fwyaf yn y byd. Ers ei sefydlu yn 1958, mae VSO wedi gyrru dros 21,000 o wirfoddolwyr i weithio yn yr Affrig, Asia, Dwyrain Ewrop, gwledydd y Môr Tawel a'r Caribî, a hynny yn sgil ceisiadau gan lywodraethau a chymdeithasau lleol y gwledydd hynny.

Mae'n rhaid i wirfoddolwyr fod yn barod nid yn unig i rannu eu sgiliau, ond hefyd i ddysgu dulliau newydd oddi wrth eu cyd-weithwyr brodorol. Dydan *ni* a'n ffordd Orllewinol o weld y byd ddim yn iawn bob amser.

Roedd hynny'n anodd weithiau, ac er fy mod wedi llwyddo i ddysgu mymryn i ambell un, gwn eu bod nhw wedi dysgu llawer mwy i mi. Roeddwn yn cyd-dynnu'n iawn gyda'r rhan fwyaf o bobol, ond yn sicr, nid pawb, ac nid eu bai nhw oedd hynny. Efallai y byddwn wedi llwyddo i wneud llawer mwy pe bawn i wedi cael mwy o brofiad dysgu cyn mentro yno, a hefyd wedi digalonni llai. Ar y llaw arall, efallai y byddai'n anos i rywun hŷn addasu a derbyn cymaint.

Mae'r sgiliau gennyf bellach, ac maen nhw'n derbyn gwirfoddolwyr yn 70 oed. Digon o amser i feddwl, felly. Yn sicr, mae'r traed yn cosi eisoes.

Dyddiadur Gbara

Medi 18, 1984

(Yn y Kano Tourist Camp, Nigeria, lle mae gwirfoddolwyr newydd VSO yn cael wythnos i ymgynefino cyn mynd i'n gwahanol bentrefi.)

Dwi wedi bod yn Nigeria ers tridiau bellach a dwi'n dal i fethu dod dros y gwres a'r mosgitos. Gwell imi ddechra arfer os dwi'n mynd i bara dwy flynedd yma. Ro'n i'n meddwl bod Gwlad Groeg yn boeth, ond roedd dod allan o'r awyren yn Kano yn union fel cerdded i mewn i bopty ucha Aga. Bron na fedrwn i deimlo fy ysgyfaint yn crebachu a'm ffrinj yn llosgi. Mae'n wres sy'n eich llyncu.

Roedd 'na ddwsinau o filwyr efo gynnau mawr milain yn hofran o gwmpas lle'r oeddan ni'n aros am ein bagiau. Wnes i drio gwenu arnyn nhw, ond gwgu'n ôl wnaeth bob un, ar wahân i un boi clên ofnadwy wrth y ddesg pasports. Ge's i sgwrs fach reit gartrefol efo fo, ac roedd o wedi treulio dwy flynedd yng Ngholeg Llyfrgellwyr Aberystwyth!

Yn sydyn dyma fi'n gweld ryw foi yn trio mynd drwy'r *customs* efo 'nghês i. *'Hey! That's MY suitcase!'* medda fi dros bobman, gan redeg ato fo. A dyma'r goleuadau i gyd yn diffod gan adael pawb yn gweiddi yn y tywyllwch. Pan ddaeth goleuni ar y mater roedd y boi wedi diflannu ond roedd fy nghês i'n ddiogel ar y cownter. Mae o'n pwyso tunnell. Fyddai'r boi byth bythoedd wedi llwyddo i redeg efo fo. Dydi o'n dal bob dim dan haul dwi'i angen ar gyfer dwy flynedd yn y bwsh? Ro'n i wedi cynhyrfu'n lân, ond doedd 'na neb wedi gwneud unrhyw fath o ymdrech i'w ddal o. 'Croeso i Nigeria,' medda fi wrtha' fy hun.

11

Rydan ni'n aros mewn lle tebyg i hostel ieuenctid. Mae 'na gawodydd a mosgito nets yma a ffaniau mawr swnllyd yn hongian o'r nenfwd, ond mae'n dal yn gythreulig o boeth. Mae 'na griw da yma. Katie wrth gwrs, sef y ferch o Rydychen sy'n mynd i fyw efo fi am ddwy flynedd. Mae hi'n ymddangos yn grêt er ei bod hi'n siarad Saesneg crandiach na'r Frenhines. Mae hi'n deud petha fel 'Golly' a 'Crumbs' a finna'n meddwl mai dim ond cymeriadau comics ac Enid Blyton oedd yn siarad fel'na. Aeth hi i ysgol fonedd ac mae hi'n addoli criced a'r teulu brenhinol. Rydan ni'n dwy yn ei chael hi'n anodd deall sut y penderfynodd pobol VSO y bydden ni'n debyg. Mae Doreen Dunoon o Inverness yn gês, a Ciska o'r Iseldiroedd. Mae 'na ambell bishyn yma hefyd – Kevin o Epsom, sydd ddim yn annhebyg i Richard Gere, a David, neu Dauda Zai, fel mae o'n hoffi galw ei hun. Mae o wedi bod yma ers dwy flynedd ac wedi dod i roi gwersi Hausa i ni.

Mae'r gwersi am wyth bob bore ac mae hi'n iaith eitha hawdd i'w dysgu, er ei bod hi'n cymryd chwarter awr i ddeud 'Helo, sumai' yn iawn. Rhaid holi am eich iechyd, eich blinder, eich tŷ, eich gŵr, eich gwraig, a'r wraig arall, plentyn cyntaf y wraig gyntaf, trydydd plentyn yr ail ac yn y blaen ac yn y blaen. Ac mae'r cwestiynau a'r atebion yn cael eu saethu fel bwledi heb roi cyfle i chi anadlu, heb sôn am gofio be sy'n dod nesa.

Wedyn yn y pnawn rydan ni'n mynd allan i ymarfer ein 'Sannu' a'n 'Ya ya aiki', prynu bananas a phetha syml fel'na. Dwi wedi gwirioni efo'r bobol, maen nhw i gyd mor lliwgar a chyfeillgar. Y plant ydi'r gore, mae hyd yn oed y rhai lleia yn rhedeg o gwmpas y lle efo llwythi anferthol o ffrwythau a phowdwr golchi ar eu pennau, fel tasen nhw'n pwyso dim, ac yn chwerthin drwy'r adeg.

Daeth y doctor draw pnawn 'ma i roi *check-up* bach i bawb. Eglurodd ei bod hi'n bosib y bydd rhai ohonon ni'n gorfod mynd adre yn ystod ein cyfnodau yma, gan ei bod hi'n rhatach ein hedfan adre nag aros mewn ysbyty fan hyn a chan fod cryn dipyn o'r VSOs presennol wedi cael malaria, dysentry, hepatitis, bilharzia ac ambell beth arall efo enwau hirfaith ecsotig. Roedd ganddo fo restr hir o ganllawiau ar sut i gadw'n iach, neu mor iach â phosib dan yr amgylchiadau.

Echnos, aethon ni am beint i'r *Flying Club*, sef clwb y bobol wyn neu'r *ex-pats* fel maen nhw'n eu galw nhw. Roedd hi'n neis cael potel oer o Budweiser, ond doedd na'm pobol ddu yno o gwbwl, dim ond Saeson, a'r rheiny'n rhai sych, a do'n i'm yn gyfforddus iawn yno.

Ond neithiwr aeth criw ohonon ni i'r *Federal Club*, sef clwb y bobol leol. Roedd o'n dwll o le a'r Star, y cwrw lleol, efo cic fel mul, ond bobol am le da! Roedd 'na grŵp Nigerian yn canu'n fyw a phawb yn dawnsio'n wyllt ac yn mynnu ein bod ni'n ymuno efo nhw. Ge's i ffit. Ro'n i wedi clywed bod y term *Rock and Roll* yn tarddu o sut roedd y caethweision yn America yn disgrifio cyfathrach rywiol, a neithiwr nes i ddallt pam. Roedd eu steil nhw o ddawnsio yn union fel . . . y . . . wel . . . fel tasen nhw'n gwneud babis. Ro'n i fel procar i ddechra, ond ar ôl potel arall o Star ro'n i fel y boi! Tasa Mam wedi 'ngweld i . . .

Medi 22

Dwi mewn poen. Pan godais i bore 'ma roedd y mosgito net wedi dod yn rhydd ac mi roedd 'na hanner dwsin o fosgitos wedi bod yn gwledda arna' i ac yn dal yn y net efo fi, yn canu grwndi'n fodlon a chwil efo tunelli o 'ngwaed i yn eu stumogau. Mi laddes i nhw bob un, sy'n ufflon o job anodd fel rheol, ond roedd rhein mor llawn o 'ngwaed i, doeddan nhw ddim yn gallu symud mor gyflym ag arfer, nac oeddan? Mae ochr gyfa' ohona' i, o 'nhraed at fy ngwddw yn blastar o lympiau mawr coch sy'n cosi'n uffernol. Mae pawb yn dod i sbio arnyn nhw a gwaredu a deud bod gen i alergedd i fosgitos ac y dylwn i gymryd tabledi antihistamine yn rheolaidd o hyn ymlaen. Dwi wedi cymryd tair yn barod, ac wedi plastro fy hun efo eli ond dwi'n dal i gosi. Pan mae'r lleill yn cael eu pigo maen nhw'n cael ploryn bach pinc. Mae'r rhein fatha'r blincin Himalayas!

Ar wahân i hynna, dwi wedi cael diwrnod grêt. Gawson ni bres i fynd i'r farchnad heddiw, gyda'r dasg o brynu bwyd a'i baratoi ar gyfer swper heno. Mae pobol wedi bod yn paratoi bwyd hyfryd i ni tan rŵan, ond mae'n bryd i ni ddysgu sut i fynd ati ein hunain. Mae isio bod yn ofalus efo'r *chilli peppers* – maen nhw ganwaith poethach na'r rhai sy' gartre. Gawson ni *Jollof Rice* neithiwr, a bu raid i mi gadw fy nhafod a 'ngweflau yn hongian mewn powlan o ddŵr am gryn ugain munud. Doedd o ddim yn lleddfu'r boen ryw lawer, ond roedd o'n well na dim.

Beth bynnag, tasg Katie a minna heddiw oedd prynu'r cig. Pan gyrhaeddon ni'r stondin gig, bu bron i mi â chwydu. Roedd o'n llawn o ddarnau mawr o gig eidion coch, ond roedd pob darn wedi'i orchuddio efo carped o bryfed duon. Roedd 'na hogyn bach yn trio'u cadw nhw draw efo ffan wedi'i gwneud o wellt, ond roedd o'n cael llai o hwyl arni na'r Brenin Canute efo'i donnau. Roedd Dauda Zai, yr hen law, efo ni ac mi eglurodd o sut i ddewis y darn gorau, neu'r lleia afiach fasa'n well disgrifiad. Roedd o'n mynnu na fydden ni'n sal ar ei ôl o, dim ond i ni ei ferwi o'n drwyadl cyn gwneud dim efo fo. Deuda di Dauda. Dwi'm yn siŵr os mai cig eidion oedd o chwaith. Roedd 'na gannoedd o gamelod yn y farchnad 'na, a bobol, maen nhw'n betha hyll. Mae'r gwartheg dipyn delach: cyrn hirion a lympiau ar eu cefnau ond yn hynod o denau.

Roedd yr ogla yn y farchnad yn od iawn; cymysgedd o ogla buarth ffarm, tomen ludw a thŷ bwyta llawn sbeisus. Cerddai plant bychain tua dwy oed ar hyd y lle fel morgrug efo jwgiau, tuniau a ffrwythau ar eu pennau, ac maen nhw'n dlysion bob un, efo llygaid anferth tywyll. Ge's i'r teimlad od o fod mewn archfarchnad o chwith. Nid y ni oedd yn cerdded o gwmpas silffoedd llawn nwyddau; roedd y silffoedd yn cerdded o'n cwmpas ni. Ynghanol y cannoedd o stondinau a'r sŵn, roedd 'na ddwsinau o ddynion ar feics efo peiriannau gwnïo, carpedi a phlanciau lathenni o hyd ar eu pennau yn gwau eu ffordd drwy'r dorf heb daro neb, oedd yn wyrth. Mi welais i deulu o saith yn teithio o gwmpas ar foto-beic hefyd – pawb ar yr un moto-beic!

Ge's i dipyn o sioc pan welais i stondin yn gwerthu llond basgedi o falwod mawr duon byw, i gyd yn cropian dros ei gilydd. Maen nhw'n fwy na'ch dwrn chi, ond yn flasus iawn meddan nhw. Dwi wrth fy modd efo *escargots* Ffrainc, ond dwi'm yn bwriadu cnoi petha mor ddychrynllyd o anferth â'r rhein.

Roedd y lleill wedi prynu llwyth o nionod, yam, tomatos ac ati, ac ar ôl golchi bob dim mewn Milton, mi lwyddon ni'n rhyfeddol i wneud pryd o fwyd reit dderbyniol. I'r *Federal Club* wedyn a chael coblyn o noson dda. Hon ydi ein noson ola' ni yma, rydan ni'n mynd i Minna fory, sef prif dre Niger State, lle'r ydan ni'n gorfod cael ambell i stamp yn ein pasports ac ati cyn symud ymlaen mewn rhyw ddeuddydd wedyn i Gbara, y pentre fydd yn gartre i ni am y ddwy flynedd nesa.

Sgwennais lythyr adre yn gofyn i Mam yrru bagiau te efo ambell lythyr. Mae digon o de am un baned yn costio 50c yma! A finna mor hoff o 'mhaned. Mae'r rhan fwya o fwydiach ac ati yn rhad fel baw, ond mae'r petha rhyfedda yn anhygoel o ddrud. £3 am bâst dannedd, a £40 am lwmp o gaws Cheddar! Sticio at gynnyrch lleol amdani felly.

Medi 23
Mi ddeffrais am bedwar efo'r poen bol mwya ofnadwy, ac yn y lle chwech fues i'n marw ganwaith drosodd nes i bawb arall godi. Ond roedd pawb arall yn hollol iach. Grêt. Nid yn unig ydw i'n sensitif i'r mosgitos, ond mae'r cig yn deud arna' i hefyd. Do'n i ddim yn edrych ymlaen at y siwrne wyth awr i Minna, ond ar ôl llyncu Imodium a llond llaw o fananas, ro'n i'n well. Od, ro'n i wedi meddwl mai bananas oedd y petha gwaetha allwn i eu cymryd, ond yn ôl y VSOs sydd wedi hen arfer, mae'r pectin mewn bananas yn blwg perffaith. Ac mi roeddan nhw'n iawn!

Frankie Meehan oedd yn ein gyrru yno. Fo ydi'r Swyddog Maes sydd yn gofalu am VSOs Niger State, yn gofalu bod yr ysgolion yn rhoi popeth a addawyd i ni, yn ein helpu drwy unrhyw broblemau gyda'r *Ministry* ac ati ac mae ganddo fo swyddfa yn Bida. Gwyddel ydi o, ac mae o'n foi ofnadwy o annwyl.

Pan gyrhaeddon ni'r *Ja'afaru Guest Inn* ar ôl siwrne anhygoel o anghyfforddus, gan gynnwys dau stop gan yr heddlu – rhywbeth sy'n digwydd yn weddol aml mae'n debyg, a neb yn siŵr iawn pam – roedd Ciska a Doreen yn dal yno, er eu bod nhw i fod yn eu hysgol ers wythnos. Roedden nhw wedi bod yn yr ysgol, ond roedd y prifathro wedi rhoi eu tŷ nhw i rywun arall! Felly roedden nhw wedi bod yn hongian o gwmpas y *Ministry of Education* ers hynny yn darllen a chwarae Scrabble, ond roedden nhw'n rhyfeddol o hapus eu byd. Mae'r bwyd yn y lle 'ma mwya od. Cwstard gawson ni i swper!

Hydref 10
Bron i dair wythnos yn ddiweddarach, rydan ni'n dal yn y bali *Ja'afaru Guest House*. Does gan y *chef* yma fawr o ddychymyg,

rydan ni wedi cael cwstard bob dydd. Mae 'na gornfflêcs i frecwast, ond efo llaeth poeth. Yech. A dydyn nhw byth wedi cael plygiau call i'r bàth. Mae bob plwg ar bob bàth sydd yma fodfeddi yn rhy fach i'r twll. Gwlad od.

Pam ydan ni'n dal yma? O, am fod Alhaji Kutigi, y bòs man, wedi mynd i Mecca i ddechra, wedyn pan ddoth o'n ôl a rhoi darn o bapur i ni, doedd y boi oedd i fod i roi stamp arno fo ddim yno; *'He will come tomorrow or next tomorrow,'* a dyna glywson ni y *next tomorrow* a'r *next tomorrow.* Wedyn roedd angen *personal sub head numbers.* Ar ôl diwrnod yn disgwyl iddyn nhw ddeud wrthan ni pwy oedd â'r hawl i roi rheiny i ni, gawson ni wybod ei fod ynta *'Done gone to Kaduna'.* Ac ia, mi fyddai'n ei ôl *'next tomorrow'.*

Ond dydan ni ddim wedi poeni gormod am y biwrocratiaeth chwit-chwat 'ma sy'n enghraifft berffaith o'r petha gwych nath Prydain ei roi i'r Affrig. Mae 'na gwmni Prydeinig o'r enw Biwaters rhyw ddwy filltir i ffwrdd yn llawn o beirianwyr sifil clên iawn, sy'n fodlon iawn i ni ymdrochi yn eu pwll nofio nhw a gwylio eu fideos nhw. Ac mae'r system *air conditioning* mor dda, mae hi'n wirioneddol oer yn y bar. Dwi ddim yn or-hoff o feddylfryd hiliol ambell un o'r dynion, ond dwi ddim am ddechra cega am y peth yn syth bin. Ella 'mod i'n ddauwynebog, ond maen nhw mor garedig efo ni. Maen nhw'n meddwi yn y modd mwya ofnadwy weithie, ond byth yn mynd yn gas. A deud y gwir, maen nhw'n gêsus a hanner.

Mae 'na lond llaw o *ex-pats* eraill y cyffiniau yn galw heibio weithie. Mae 'na filiwnydd yma o'r enw Max, ac mae Brenda, ei wraig ganol oed *blue rinsed* fel cymeriad allan o ffilm efo'i *'Fancy a little ginsi winsi or a ginsi tonsi dahling?'* Ond mae hi'n glên iawn, hi a Henry ei pharot. Mae Katie wrth ei bodd efo hi. Tebyg at ei debyg. Rydan ni'n dwy yn dechra mynd ar nerfa ein gilydd. Mi wnes i ddeud rywbeth cas am glustia Prins Charles echnos, ac aeth hi'n wallgo a 'ngalw i'n *'crass and ignorant'.* Bu raid i mi chwilio am ystyr *crass* mewn geiriadur wedyn; doeddwn i erioed wedi clywed y gair yn fy myw: *'thick, gross, grossly stupid'.* Felly wir. Mi fasa hi'n rhoi ei bywyd i achub y Frenhines medda hi, ac mi ddylwn i fod yn falch bod gen i dywysog. Rois i lond pen yn ôl iddi wrth gwrs, ond er i ni benderfynu osgoi pynciau fel'na eto, dwi'n poeni braidd. Y bore ar ôl y ffrae, mi fues i'n waldio'r gobennydd a cherdded o amgylch y stafell yn anadlu yn ddwfn am oes er mwyn cŵlio i lawr cyn gorfod ei hwynebu hi dros frecwast. Mi weithiodd, ond beryg y bydd fy ngobennydd i'n rhacs ymhell cyn diwedd y ddwy flynedd.

Lwcus ei bod hi'm yn dallt Cymraeg . . . Mae gen i dâp o ganeuon Dafydd Iwan efo fi . . . ha!

Felly rydan ni'n gweld y Nigeria cyfoethog a moethus ar hyn o bryd, ond rydan ni'n dwy jest â drysu isio gweld y Nigeria go iawn. Mi fyddwn ni'n mynd i'r farchnad bob hyn a hyn, ond nid yn rhy aml, gan fod y pres yn prysur fynd. Ond mae o'n sioc bob tro; y sŵn, yr arogleuon, y lliwiau, y bobol. Mae o'n brofiad. Mae'r bobol Fulani yn fendigedig, llwyth nomadig sy'n amlwg yn dod o'r gogledd gan eu bod nhw'n edrych mor Arabaidd, yn dal a main a hynod osgeiddig a'r llygaid prydfertha yn y byd. Mae'n debyg fod y dynion ifanc wrthi'n cael eu profi ar hyn o bryd, i weld os ydyn nhw'n ddynion gwerth eu halen. Maen nhw'n cael eu labio efo pastynau gan ddynion y llwyth nes eu bod nhw'n greithiau byw, ond maen nhw'n gorfod ei gymryd yn ddi-gŵyn. Aeth petha dros ben llestri llynedd ac mi gafodd dau ohonyn nhw eu lladd yn ôl y sôn.

Dwi'n dal i ddiodde braidd efo'r bîb. Mae rhywbeth yn deud wrtha' i fod gan y cwstard dyddiol 'ma rywbeth i'w wneud efo'r peth.

Hydref 11
Rydan ni'n Gbara o'r diwedd! Roedden nhw wedi deud wrthan ni ddoe y byddai'r Landrover yn cyrraedd am saith bore 'ma, ond am 8.30 mi ddoth 'na ddyn i ddeud, 'We here soon'. Un ar ddeg oedd 'soon'. Mae No Hurry in Life wedi'i baentio'n lliwgar iawn dros bob bws mini a mammy wagon (lori) yma, a duwcs, dwi wedi dod i arfer dwi'n meddwl. Mae'n debyg eu bod nhw wedi ffaffian am ddyddiau oherwydd eu bod nhw'n methu dod o hyd i'r 30 naira, sef tua £30, oedd ei angen i brynu petrol. Yn y cyfamser, roedd cyfanswm bil y gwesty yn £1,500! Ond rydan ni wedi cael gwybod bod perchennog y gwesty yn frawd i ddyn pwysig yn y Ministry of Education . . . Mae isio gras.

Roedd y siwrne yma yn wefreiddiol; coed palmwydd ac adar lliwgar a milltiroedd ar filltiroedd o ddŵr. Dydi'r tymor gwlyb ddim wedi gorffen eto, a dydi'r ffordd fyddwn ni'n ei defnyddio i fynd i Bida, y dre agosa, ddim yn addas ar gyfer cerbydau nes y bydd hi wedi sychu rywfaint. Does 'na 'run bws yn mynd y ffordd ddaethon ni – mae'n llawer rhy bell.

Mae Gbara yn dlws ofnadwy, yn wyrdd a choediog oherwydd ei bod ar lan afon Kaduna. Canŵs hirion, llwythog yn croesi'n hamddenol dros yr afon a phobol yn canu ar hyd y lle, yn y tai o fwd oren â thoeau gwellt, o dan y coed mango, ac yn y caeau reis. Mae 'na eifr yn pori ym mhobman, ac ambell fuwch yn crwydro drwy'r gweiriach sydd ymhell dros chwe throedfedd, ac mae hi'n llawer iawn, iawn poethach yma nag yn Kano a Minna.

Mae dillad pawb yn lliwgar a thraddodiadol, ar wahân i'r plant yn eu gwisg ysgol o grysau gwynion a siorts duon, ac mae pawb mor anhygoel o gyfeillgar. Pan gyrhaeddon ni, mi ddoth 'na gannoedd o blant i'n croesawu ni efo '*Gwwd mooorning sah! Gwwd mooorning sah!*' Mae'n ymddangos mai dyna'r unig eiriau Saesneg mae eu hanner nhw'n gallu'u deud. Doedd y prifathro ddim yno, ond aeth y dirprwy â ni i'n tŷ. Roedd o'n edrych yn grêt o'r tu allan. Tŷ go iawn wedi'i baentio'n wyn a glas, nid cwt mwd to gwellt fel gweddill y pentre. Ond gawson ni dipyn o sioc tu mewn. Mae un llofft wedi ei bwyta'n llwyr gan *dermites,* a'r unig ddodrefnyn ydi un matras budur ar lawr. Mae 'na le chwech a bàth yma, a ffaniau yn y nenfwd, ond does na'm dŵr na thrydan, ac mae'r lle chwech yn gollwng. Do'n i'm yn siŵr os o'n i isio chwerthin 'ta chrio. Cysgu yn yr un llofft, ar yr un matras fydd raid i ni heno. Wedi blino gormod i wneud dim am y peth.

Hydref 12

Chysgon ni fawr neithiwr, ac roedd Katie yn flin fel tincar y bore 'ma. Aeth i nôl y dirprwy yn syth bin a rhoi coblyn o lond pen iddo fo, y creadur. Aeth hi'n wirioneddol wallgo – mae hi fatha matsien – ond mi weithiodd! Rydan ni wedi cael ein symud i dŷ gwell efo llai o *dermites,* ond efo tyllau anferthol yn y netting atal mosgitos ar y ffenestri. Es i ati'n syth i'w stwffio efo papur newydd, coed a dail. Cyn hir, mi ddoth 'na ddwsinau o blant ysgol â dodrefn i ni. Mae'n debyg fod pobol wedi eu benthyg nhw tra oedden nhw'n aros amdanon ni. Bellach mae ganddon ni ddau wely, dau mosgito net, pedair cadair, dwy ddesg a dau fwrdd – o, a ffilter dŵr a dwy stôf *kerosene.* A chydig o lestri, sosbenni a chyllyll a ffyrc. Mi fuon ni a'r plant am oriau yn sgubo a sgwrio a waldio hoelion i mewn i'r ddau wely gan eu bod nhw'n fregus a deud y lleia. Fi sydd wedi cael y llofft fu'n fwya o ginio i'r *termites,* ond mae'r plant ffantastig 'ma wedi dangos i mi sut i'w trin nhw. Mae Mohammed Zhitsu yn annwyl tu hwnt, hogyn bach eiddil pymtheg oed efo dwy linell dew i lawr bob boch, arwydd gafodd ei wneud efo cyllell boeth pan oedd o'n fabi i ddangos ei fod o'n perthyn i lwyth y Nupe. Mae 'na rai eraill efo tri marc ar bob boch, fel blew cath. Nupe ydi bron pawb sy'n byw yma, a Nupe maen nhw'n ei siarad hefyd – sydd ddim byd tebyg i Hausa. A deud y gwir, does 'na neb yma yn deall Hausa!

Mae'n posteri ni i fyny bellach, ac mi fynnodd Katie nad o'n i'n cael rhoi fy mhetha Cymraeg na CND yn y gegin. Mae hi'n *True Brit* a'i thad yn rhywbeth mawr yn y byd niwclear, ac yn gyn-aelod o MI6. Mi wnes i gega am chydig, ond penderfynu wedyn ei bod hi'n haws jest cadw bob dim yn fy llofft. Unrhyw beth am heddwch, dwi ddim isio ffraeo am ddwy flynedd nac'dw? Ond wna' i byth anghofio ei brawddeg anhygoel: *'Listen Bethan, I'm a patriot, but you're an extremist.'* Pam? Oherwydd bod ei gwlad hi yn fwy pwerus na f'un i?

Dwi'n falch iawn 'mod i wedi mynnu dod â'r *ghetto blaster* efo fi. Dwi'n sgwennu hwn i gyfeiliant un o dâpiau clasurol Katie. Dydi'r plant 'ma erioed wedi clywed cerddoriaeth glasurol o'r blaen ac mae'r diawled bach yn chwerthin ar ein pennau ni! Mae'r prifathro yn cyrraedd fory, a 'dan ni'n gobeithio i'r nefoedd y bydd ganddo fo lythyrau.

Es i am dro yn y tywyllwch heno, efo trowsus hir a chrys chwys. Ro'n i'n rhy boeth, ond gwell gen i chwysu na chael fy mrathu'n fyw. Roedd y lleuad bron yn llawn a'r miloedd ar filoedd o sêr yn goleuo'r ffordd. Cerdded ar y llwybr tywod efo coed palmwydd ar bob ochr, mellt yn goleuo'r awyr bob hyn a hyn, smotiau bach serog pryfed y nos ym mhobman a'r cricedi yn cyfeilio. Dwi'n gwybod y bydda i'n hapus yma.

Hydref 13

Mae'r prifathro yn fach a thew ac yn debyg i fochyn, ond yn hynod glên ac yn giglan fel plentyn bob yn ail frawddeg, ac mae'r ddwy wraig yn neis iawn hefyd. Fatima ydi enw'r ieuenga, hogan ddel a gigli oedd wedi gwirioni efo'n dillad ni ac mae hi wedi bod yn help mawr i ni efo'r ddwy stôf. Doedd un ddim yn gweithio'n iawn nes iddi hi ddangos i ni sut i dynnu'r wic drwodd. Rois i gopi o *Cosmopolitan* iddi yn bresant ac mae hi wedi gwirioni.

Aethon ni i'r ysgol erbyn 7.15 ar gyfer y gwasanaeth boreol a chael ein cyflwyno i'r plant a'r athrawon. Maen nhw'n daclus iawn a'u crysau gwynion yn sgleinio, ond does 'na'm un ferch yno hyd yma. Mae'n debyg mai yn nes ymlaen mae'r genod yn dod, ond wnes i'm dallt pam. Dynion ydi'r athrawon i gyd hefyd, a phob un yn ddigon clên. Mae 'na yrrwr bws yma, ond does 'na'm bws. Does 'na'm to ar un adeilad. Diflannodd mewn coblyn o storm llynedd, a does 'na'm pres i'w drwsio.

Pan ofynnon ni am lythyrau, mi ddoth y prif â llond bag ohonyn nhw i ni. Rargol roeddan ni wedi cynhyrfu, ond ar ôl mynd drwyddyn nhw, roedd 'na dros ugain i Katie a dim ond dau i mi, a'r ddau gan Luned, fy mêt i yn Nolgellau. Dwi wedi fy siomi yn uffernol. Lle mae'r teulu 'cw arni? A be am y crinc 'na sydd i fod yn gariad i mi? Mi sgwennis lythyr blin ato fo'n syth bin, un hir hefyd. Mae 'na bron i fis ers i mi ei weld o ddwetha wedi'r cwbwl.

Rydan ni wedi cael amserlen. Mi fydd gen i 14 gwers yr wythnos efo dosbarth tri, ac mi fyddwn ni'n dechra arni o ddifri ddydd Llun. Diolch byth, dwi angen rhywbeth i dynnu fy sylw oddi ar y diffyg llythyrau 'ma. Mae Katie'n dal wrthi yn darllen ei rhai hi.

Hydref 15

Dwi wedi methu sgwennu tan rŵan am fod y tridiau dwetha 'ma wedi bod yn ffantastig o brysur a gwych! Fore Sadwrn, mi nath Martin, un o'r athrawon Ghanayan, ein danfon ni i Bida. Yn gynta roedden ni'n gorfod croesi'r afon mewn canŵ wedi'i cherfio allan o fonyn coeden, yna ymlwybro drwy'r gwair hir a'r *guinea corn* tywyll, trwchus, a'r adar 'ma o bob lliw a llun, a channoedd o ieir bach yr haf o bob lliw a llun ym mhobman. Stryffaglu drwy fwd at ein penglinia ac weithie ein canol, oedd yn dipyn o sioc. Dydi o

DDIM yn hawdd, a phawb ar y ffordd yn gweiddi 'Welcome, welcome!' o bob cyfeiriad. Ar ôl ryw bedair milltir o hyn, roedden ni mewn pentre o'r enw Dancitagi, lle'r oedd 'na dap dŵr i ni gael golchi'n coesau, a ffordd darmac a bws mini i'n cludo i Bida am bunt. Ro'n i'n gorfod rhannu sêt efo gafr. Does 'na'm amserlen bws wrth gwrs; dydach chi ddim yn symud nes bydd y gyrrwr wedi penderfynu bod y llwyth yn ddigonol. Erbyn iddo fo gael ei fodloni, roedd y bws fel popty. Cyrraedd Bida ar ôl ryw dri chwarter awr o gael ein taflu i bob cyfeiriad gan fod y gyrrwr yn ceisio osgoi y tyllau yn y ffordd, a Martin yn dangos bob dim i ni wedyn, y banc, swyddfa'r post a'r farchnad wych 'ma sy'n fôr o liw a sŵn a phlant yn rhedeg ar ein holau ni yn chwerthin a'n galw ni'n 'Nsara, Nsara' sef 'pobol wyn' yn Nupe.

Mae tlodi yn llawer mwy amlwg yn Bida nag yn Gbara. Fydd 'na neb byth yn cardota yn Gbara, ond maen nhw ym mhobman yn y dre. Hen ddynion dall, neu efo dim ond un goes neu rywbeth, yn eistedd yn y cysgod prin ar hyd y strydoedd, yn ymbil a griddfan ar bawb a'u dwylo esgyrnog yn estyn allan fel traed ieir; ond mae pobol yn rhoi yn hael iawn iddyn nhw – mae'n rhan bwysig o grefydd Islam dy fod yn rhannu efo'r sawl sy'n llai ffodus na thi dy hun.

Eglurodd Martin fod 'na lawer o blant yn marw'n ifanc yma, oherwydd T.B. ac ati, ond mae llawer o'r bobol leol yn credu mai gwrachod sy'n rhoi *ju-ju* arnyn nhw.

Heibio i'r eglwys wedyn i gyfarfod Father Con o County Donegal, sydd yn cenhadu yma ers deng mlynedd ac sy' 'run sbit â Dave Allen, yr un hiwmor a phob dim, a Sister Cleophas sy'n wyth deg chwech hynod o ifanc a Sister Mary sy'n yfed a smocio fel stemar a chanu caneuon budr bob Gŵyl Sant Padrig, yn ôl Father Con. Maen nhw wir yn bobol hyfryd, ac am i ni alw draw unrhyw adeg, yn enwedig os yden ni am ddysgu chwarae Bridge. Mae 'na groeso i ni aros efo nhw os fyddwn ni'n styc yn Bida ryw dro hefyd.

I *chop house* wedyn a chael pryd bendigedig o fara, porc a bananas. Nid Moslemiaid sy'n cadw'r lle mae'n amlwg. Mae 'na nifer fawr o Gristnogion yn yr ardal, ond dim ond un teulu yn Gbara.

Cael gwybod wedyn ein bod ni wedi cael gwahoddiad i barti

efo llwyth o VSOs mewn pentre o'r enw Katcha, rhyw siwrne awr mewn bws mini. Ac i ffwrdd â ni. Elvie Wilkinson oedd yn cynnal y parti, dynes 65 oed o Cumbria. Ac am ddynes! Mae hi'n fychan – o dan bum troedfedd – a'i gwallt mewn byn ar dop ei phen a sbectol ddelicet reit ar flaen ei thrwyn. Mi fasa hi'n edrych yn berffaith yn gwau mewn cadair siglo. Ond mae hi'n yfed cwrw ac yn smocio sigaréts ffiaidd o'r enw *Green Spot* ac yn goblyn o gês. Roedd hi wedi paratoi gwledd o gig, reis, ffa, salad ffrwythau a *spotted dick* a chwstard. Wedyn roedden ni i gyd yn gorfod canu a dawnsio i Lou Reed, *'Walk on the Wild Side'*. Mi fydd y gân yna yn f'atgoffa i o Elvie am byth.

Aethon ni adre ar hyd ffordd wahanol, drwy bentrefi bendigedig, tawel. Stopiodd y bws yn un ohonyn nhw i godi hen wraig a dwy afr. Roedd 'na lwyth o blant bach yn chwarae dan goeden, a minnau'n gwenu'n ddel arnyn nhw o'r bws, nes i un ohonyn nhw godi ei ben a sylwi arna' i. Cyn pen dim, roedden nhw i gyd ar eu traed yn sgrechian a chrio ac yn ei heglu hi am eu mamau. Roedd pawb ar y bws yn meddwl bod y peth yn ddigri tu hwnt, ond ro'n i wedi ypsetio'n lân. Ydw i mor ofnadwy o hyll? Ond yr eglurhad ge's i oedd mai fi oedd y person gwyn cynta iddyn nhw weld erioed, ac mae'r mamau yn bygwth plant drwg, nid efo'r bwgi-bo, ond efo'r 'Ddynes wen fydd yn dod i roi nodwyddau ynot ti . . . '

Pan gyrhaeddon ni Gbara, daeth rhai o'r athrawon draw i ofyn os hoffen ni fynd i'r bar am dro. Iawn, grêt. Ond bonyn coeden *flame tree* – coeden anferthol efo gwreiddiau bendigedig cnotiog a dail sy'n troi'n fflamgoch – ydi'r bar, a does na'm trydan yma, felly poteli cynnes o'r cwt sinc gawson ni i yfed, ond roedden nhw'n fendigedig er hynny. Wedyn dyma 'na ddyn yn dod â drwm allan a dechra creu y gerddoriaeth wych 'ma, a daeth merched allan o'u tai a chanu, a'r plant yn dawnsio o gwmpas y lle. Mi godais i i ddawnsio efo nhw ac mi roedden nhw wrth eu boddau ac yn chwerthin cymaint nes roedden nhw ar eu cefnau ar lawr. Cododd hogyn bach tua deg oed i drio fy nysgu sut i symud fel fo, a hei, roedd o'n gallu symud! Roedd y gynulleidfa yn clapio a bloeddio a ge's i anferth o glap wedi i mi orffen. Mae'n rhaid bod 'na elfen o *extrovert* ynof i wedi'r cwbwl! Dwi wrth fy modd yma!

Hydref 16

Daeth Frankie draw heddiw i weld sut siâp sydd ar betha a gofalu ein bod ni'n cael popeth a addawyd i ni. Mae'n braf cael rhywun yma sy'n dallt y dalltings ac yn gwybod sut i fynd ar ôl petha yn ddiplomataidd, dawel. Mi fu'n ein helpu ni i drwsio mwy ar y dodrefn a gosod silff ac ati. Hen foi iawn.

Mi olchais i 'ngwallt am y tro cynta ers oes bore 'ma, ac roedd lliw y dŵr yn dywyllach nag afon Kaduna ei hun. Bobol, ge's i sioc, ac wedyn mi sylwais ar liw fy mrwsh gwallt a'i sodro mewn Dettol reit handi. Mae'n deimlad mor braf bod yn lân, ond dydi o ddim yn para'n hir iawn.

Gawson ni lifft i Bida efo Frankie, a galw heibio Vicky o Ganada sy'n CUSO mewn pentre ar y ffordd fawr, ac sy'n sâl efo malaria. Roedd hi'n welw ac yn wan ond yn gwella medda hi. Ych, dydw i ddim yn ffansïo dal yr aflwydd yna. Aethon ni i swyddfa'r post, lle'r oedd 'na domen o lythyrau i Katie ac un i mi gan y teulu oll. Mae o'n llythyr hir, hyfryd, a hyd yn oed Dad wedi sgwennu. Dwi ddim yn cofio cael llythyr ganddo fo erioed o'r blaen. Dwi awydd fframio hwn.

Aeth Frankie â ni i'r *Cool Spot*, math o far ynghanol darn o lwch ar ochr y ffordd fawr a man cyfarfod VSOs y cylch medda fo. Mi gawson ni bob o botel Star hyfryd o oer a chyn hir, daeth dyn gwyn i'r golwg, sef Don Moore, y VSO sydd agosa aton ni mewn pentre o'r enw Sakpe tua hanner can milltir ar hyd y ffordd lle nad oes bws byth yn mynd. Mae o ar ei ail flwyddyn yma ac yn dipyn o gymeriad. Gwerthu balŵns mewn gwyliau hipïaidd oedd o cyn dod yma, rhai llawn *helium* efo negeseuon amheus arnyn nhw. Mae 'na olwg hipi wedi'i gneifio arno fo, yn *love-beads* drosto fel Mr T tenau ac yn siarad yn felfedaidd bwyllog. Mae o mor *laid back*, mae'n anodd deud os ydi o'n effro weithie. Dwi wedi cymryd ato fo'n syth, a phan holodd a oedd gynnon ni awydd dod efo fo i barti yn Plateau State y penwythnos yma, mi gytunais yn syth. Gwrthod wnaeth Katie; dydi hi ddim am fynd i bartis VSO medda hi. Wnes i ddim cega.

Hydref 18

Mae gan bobol y pentre yma agwedd hyfryd at fywyd. Maen nhw byth a hefyd yn gwenu a chwerthin. O, maen nhw'n ffraeo a chega weithie, ond mae'n anodd cymryd unrhyw ffrae o ddifri yma, gan fod cynulleidfa yn ymgynnull o fewn dim a rhowlio chwerthin wrth wrando ar y cega, nes bydd y rhai sy'n destun sbort yn dechra pwffian chwerthin hefyd. Mae'n amlwg mai pobol ddŵad ydi'r rhan fwya o'r athrawon. Dydi eu hanner nhw yn gwneud dim ond cega ar 'i gilydd drwy'r dydd, a hynny heb arlliw o wên ar y diwedd. Mae'r rhain yn ffraeo go iawn, ar dop eu lleisiau, waeth pwy sy'n gwrando. Fe ddaw rhywun i arfer mae'n siŵr, ond mae o'n reit anodd weithie.

Y plant sy'n codi hwyliau rhywun. Gawson nhw hwyl ar fy mhen i yn yr ysgol heddiw. Roedd gen i wers ddwbwl efo 3A am 10.40, ond ro'n i'n meddwl mai am ddeg oedd hi, a cherddais i mewn i'r stafell anghywir beth bynnag, lle fues i'n dysgu 4A am awr a chwarter cyn i un o ddosbarth 3 ddod i chwilio amdana' i! Teimlo'n hurt, was bach, ond dwi'n fflatyrd. 'Pam na fasech chi wedi deud?' holais i. 'Roedden ni'n mwynhau y wers, Miss!' oedd yr ateb. Y diawlied.

Maen nhw i gyd yn ddisgyblion hynod annwyl, ond rargol, mae 'na rai mor ddiog, ac eraill yn amlwg heb gael unrhyw fath o addysg ffurfiol tan rŵan. Mae 'na rai eraill wedyn sy'n llyncu bob gair dwi'n ei ddeud a'u llygaid yn serennu arna' i, yn awchu am glywed a dysgu mwy. Mae'r oedran yn amrywio'n arw o fewn bob dosbarth, ac ambell un yn ddigon hen i fod yn dad i'r boi sydd wrth ei ochr. Ro'n i'n gorfod gwenu pan sylwais i fod 'na grysau efo labeli *Age 12* yn gwenu'n braf ar gefnau 'hogiau' sydd yn nes at dri deg chwech!

Mae 'na wastad hanner dwsin sy'n cyrraedd heb ddarn o bapur, neu'n codi eu dwylo ar ddechra'r wers i gyhoeddi *'Please sir, I have no Bic.'* Wedyn mae bob gwers yn cael ei hatalnodi gydag o leia dwsin o *'Please sir, Yunusa has polluted the air'* a *'Please sir, I want to go release myself.'* Ond mi fedra' i gydymdeimlo, dwi'n gorfod diflannu ar ganol gwers yn eitha aml fy hun. Rhedeg i'r tŷ fydda i, ond swatio mewn cae y tu ôl i lond llaw o frwyn fydd y disgyblion. Mae 'na gwt sinc yno, sydd i fod yn doiled, ond mae pawb yn deud ei fod o'n ffiaidd. Dwi ddim wedi mentro sbio eto, a dwi ddim yn pasa gwneud chwaith. Mae'r ogla ugain llath i ffwrdd yn fwy na digon, diolch yn fawr.

Ro'n i wedi mopio pan sylwais i eu bod nhw'n gwerthu

Bazooka Joes yn y farchnad fechan dan y goeden dail fflamgoch. Heb weld Bazooka Joes ers blynyddoedd, ac ew, maen nhw'n dda.

Hydref 21

Penwythnos anhygoel arall. Ro'n i wedi gorffen fy ngwersi erbyn deg ddydd Gwener, felly dyma bacio'n reit handi a stryffaglu drwy'r mwd unwaith eto, a chyrraedd Bida erbyn canol dydd. Roedd Don yn fy nisgwyl yn y *Cool Spot* efo gwên a photel o Star. Eglurodd fod Plateau State gryn bellter i ffwrdd, ond os oedden ni'n lwcus, mi fydden ni'n cyrraedd erbyn nos Sadwrn. 'Sut 'dan ni'n mynd?' holais i. 'Bodio,' medda fo. Clec i'r Star ac i ffwrdd â ni i gyd-fodio tua'r dwyrain. Ar ôl pum munud, roedden ni wedi cael lifft can milltir efo dau genhadwr o Georgia, a Don yn giglan fel hogyn bach. Er iddo fodio gannoedd o weithiau yn ystod ei flwyddyn yma, doedd o erioed wedi cael lifft mor bell, mor sydyn. 'Go brin y cawn ni lifft mor sydyn y tro yma,' medda fo wrth inni ffarwelio â'r cenhadwyr. Cyn i'w car nhw fynd o'r golwg, mi stopiodd Nigerian mewn Peugeot crand. Mi deithiodd o dros gan milltir arall, ac yna mynnu talu am noson i ni mewn gwesty, lle cawson ni gawod a brecwast gwerth chweil, a'r bore wedyn mi dalodd am dacsi i fynd â ni yr holl ffordd i Jos a rhoi 50 naira, sef £50, yn fy llaw i! Mi eglurodd ei fod o wedi mopio efo'r ffaith ein bod ni wedi rhoi dwy flynedd o'n bywydau i ddysgu plant Nigeria, a'i fod o isio dangos ei werthfawrogiad. Fedra' i'm dychmygu yr un Prydeiniwr yn ymddwyn fel'na byth. Roedd Don a finna yn fud am chydig, ond doedd fiw inni wrthod, felly wedi diolch iddo fo o waelodion ein calonnau, mi fuon ni'n sblasho allan ar ffrwythau a phapurau newydd a rhoi pres i'r cardotwyr sydd ym mhobman yma. Rois i naira i un hen foi dall oedd heb goesau ac mi roedd y wên ge's i ganddo fo yn werth cymaint mwy.

Ar ôl taith hir drwy olygfeydd bendigedig, a stopio am ddiod oer yn Jos, roedd hi'n tywyllu pan gyrhaeddon ni'r parti. Mi gafodd pawb goblyn o sioc o'n gweld ni wedi dod mor bell, ond roedden ni'n dal yn llawn egni ac mi fuon ni'n dawnsio efo'r bobol leol i gyfeiliant Bob Marley tan yr oriau mân. Dwi'n gwybod yn union sut i symud i fiwsig reggae rŵan!

Mi lwyddon ni unwaith eto i gael un lifft handi a hirfaith ar ôl y llall yr holl ffordd i Bida, ac aros efo cyfaill i Don nos Sul. Pan ffarweliais i efo Don yn y *Cool Spot*, mi gyhoeddodd 'mod i'n *'the jammiest hitcher ever,'* ac y byddai'n hapus i 'nghael i fel cydymaith unrhyw adeg, 'ngwas gwyn i. Mae'n rhaid bod yr holl fodio adre o Aberystwyth ar benwythnosau wedi gadael ei farc rywsut.

Pan gyrhaeddais i Gbara bnawn dydd Llun, roedd 'na dwr o blant bach yn chwarae ar lan yr afon. Ge's i groeso anhygoel; roedden nhw'n rhedeg ata' i fel petha gwirion, yn taflu eu hunain at fy nghoesau a dal arna' i fel gelennod, yn chwerthin a gwneud swn mwytha! Dwi mewn cariad llwyr efo nhw, bron na fyddwn i awydd mynd â nhw i gyd adre efo fi. Mae'r plant hŷn yn ffantastig hefyd. Os welan nhw Katie neu fi yn ymlwybro i gyfeiriad y dosbarth, maen nhw'n rhedeg allan i'n helpu efo'r llyfrau, ac maen nhw'n sefyll ar eu traed a chyd-ganu *'Gwwd Mooorning Sah/Miss'* pan fyddwn ni'n camu drwy'r drws, ac yn ymgrymu pan welan nhw ni yn y pentre. Dwi'n teimlo fel VIP. A fin nos ar ôl *prep*, maen nhw'n dod draw am sgwrs a dangos i ni sut i ddefnyddio y *bush lamps* a'r stôf yn iawn.

Doedd Katie ddim wedi symud o'r tŷ drwy gydol y penwythnos, ond wedi mwynhau darllen a sgwennu mewn tawelwch, medda hi. O, felly.

Hydref 23

Mi ddeffrais i am 5.30 bore 'ma, yn crafu fel peth gwirion. Dwi wedi cael digon o frathiadau mosgitos i wybod nad dyna oedd y rhain, felly dwi wedi rhoi fy matras a 'ngobennydd allan yn yr haul i drio cael gwared â'r pryfed dwi'n gwbl argyhoeddedig sydd'n byw ynddyn nhw. A dwi wedi golchi'r dillad gwely eto.

Dwi'n dechra dysgu geiria yr anthem genedlaethol: *'Arise O compatriots, Nigeria's call obey'* sy'n cael ei chanu gydag angerdd yn ystod y gwasanaeth boreol – y frawddeg gynta hynny yw, mae'n amlwg nad oes neb ond yr athrawon yn dallt gair o'r gweddill. Y drefn wedyn ydi adrodd y llw cenedlaethol i fod yn ffyddlon i'w gwlad ac ati, cyn gwrando ar gyhoeddiadau'r dydd gan y prifathro, a chosbi drwgweithredwyr. Weithie maen nhw'n cael eu gyrru i balu cae drwy'r dydd; dro arall, maen nhw'n gorfod cwrcwd allan yn yr haul tanbaid am oriau yn dal carreg drom uwch eu pennau. Ond os ydyn nhw wedi cambihafio o ddifri, maen nhw'n cael eu chwipio gan y 'gyrrwr bws' sydd byth yn mynd i unlle heb ei *bulala* – chwip ledr ddu. Maen nhw'n gorfod tynnu eu crysau ac yna mae o'n eu stido nhw go iawn, drosodd a throsodd, nes mae'r cnawd tywyll yn greithiau arian. Anaml fydd neb yn crio, heblaw Katie a finna yn dawel bach. Ar ôl gorfod gwylio'r cwbwl y tro cynta, rydan ni'n dwy bellach yn mynd yn syth i'r stafell athrawon pan fydd y chwip yn dod allan.

Mi fues i'n marcio gwaith cartre 3A heddiw, ond chymerodd hynny ddim chwinciad gan fod bob un, bob camgymeriad a diffyg atalnod yn union yr un fath, yr uffars bach drwg. Ond dwi ddim yn pasa eu cosbi nhw, dim ffiars o beryg.

Hydref 26
Mae'r stumog yn cwyno eto, a dydi'r lle chwech byth wedi cael ei drwsio. Dwi'n dechra laru efo gorfod mynd i'r 'gornel gachu' yn yr ardd efo rhaw, *bush lamp* a rholyn papur, a gorfod chwifio 'mreichiau drwy'r holl broses i gadw'r mosgitos draw. Ond mae cyhyrau fy nghoesau yn siapio'n arw. Mi fydd gen i gluniau fel ceffyl gwedd cyn bo hir. Mae Mr James yr athro technoleg wedi addo dod draw i drwsio fory.

Ro'n i'n wan fel brechdan erbyn amser cinio ac mi fues i'n cysgu drwy'r pnawn, ac yna gorweddian yno am hir yn hel meddyliau yn arw am nad ydi O byth wedi sgwennu ata' i.

Gawson ni sypreis hyfryd heno. Daeth Mohammed 3A â darn o gig i ni. Mae'n debyg mai ei dad o oedd yn gwerthu buwch yn y farchnad heddiw. Doedd o ddim isio tâl. Mi wnaethon ni stiw efo fo ac mi fwytais i fymryn ohono fo, ond ro'n i'n gorfod baglu am yr ardd bron yn syth. O, wel.

Hydref 27
Mae Mr James wedi trwsio'r lle chwech!

Hydref 29
Dwi'n dal i grynu. Tra o'n i'n rhoi dillad glân ar fy ngwely rŵan, dyma 'na rywbeth mawr, tywyll yn saethu o dan y gwely. Mi neidiais i droedfeddi. Ella mai genau-goeg mwy nag arfer oedd o – mae 'na lond llaw o rai bach yn y tŷ bob amser – ond dwi bron yn siŵr mai llygoden fawr welais i. Mi fues i'n chwilio drwy'r tŷ amdani, efo *bush lamp* a fflag Cymru (am wn i mai pasa rhoi

swadan iddi efo'r polyn o'n i) ond welais i ddim golwg ohoni wedyn, ond mi wnes i ddarganfod bod 'na rywbeth wedi cnoi drwy'r bocs plastig oedd yn dal y reis, ac wedi cnoi fy mhotel *multi vitamins* i'n rhacs a bwyta eu hanner nhw. Homar o lygoden, ddeudwn i.

Mi rois i gynnig ar dorri gwallt Katie heno, ond roedd hi'n dipyn o job gan nad oedd ganddi lwchyn o ffydd yn fy ngallu i drin gwallt. Roedd hi'n poeni ei henaid ac yn mwydro 'mhen i drwy'r holl broses, ond dim ond rhyw hanner modfedd o gwmpas y gwaelod dorrais i. Roedd hi'n fodlon yn y diwedd, diolch byth, ac mae o'n edrych gymaint taclusach rŵan.

Mi fues i'n dysgu y gwahaniaeth rhwng *who, whose* a *whom* heddiw, ond roedd hi'n ofnadwy o anodd dod o hyd i ffordd hawdd o egluro defnydd *whom*. Os oes 'na unrhyw un wedi dallt, mi fwyta' i fy fflip-fflops. Mi ddysgais i gryn dipyn ar y cwrs carlam ymarfer dysgu 'na yn Bedford, ond ddim hanner digon.

Hydref 31
Gawson ni gyfarfod staff heddiw, o ddeg tan un, a'r rhan fwya ohono fo yn falu awyr llwyr. Mi wnes i gynnig y dylai athrawon gosbi plant yn ystod eu gwersi eu hunain, yn hytrach na'u llusgo o wersi pobol eraill fel sy'n digwydd ar hyn o bryd, ond doedd y syniad ddim yn cael ei dderbyn o gwbwl. Mi wnes i wylltio braidd pan fynnodd un o'r athrawon, sydd byth bron yma, gerdded i mewn ar ganol gwers i chwipio un o'r hogia dros ei wyneb efo chwip *cat o'nine tails*. Dwi'n gwybod bod VSOs i gofio bob amser na ddylid ymateb yn rhy fyrbwyll i'r 'ffordd frodorol o wneud petha,' ond mae hi'n blydi amhosib weithie.

Cyrhaeddodd pentwr o lythyrau heno, deg i Katie a phedwar i mi. Dim un ganddo FO.

Tachwedd 4
Mi gytunodd Katie i ddod efo fi i barti VSO yn Dabban. Ro'n i'n gwybod ei bod hi'n dechra gweld angen sgwrs efo rhywun heblaw fi a'r plant. Mi gynigiodd y prifathro roi pas i ni ar hyd y ffordd ar ôl ysgol ddydd Gwener, oedd yn golygu na fyddai'n rhaid i ni fustachu drwy'r mwd am unwaith, ac roedd o hefyd yn gyfle i alw heibio Don ar y ffordd. Gawson ni goblyn o sioc pan welson ni o.

Roedd o ar wastad ei gefn ar soffa, yn llwyd fel llymru, efo ffon wrth ei ochr a lwmp mynyddig, du ar ei goes. Roedd ceisio cynnal sgwrs efo fo yn brofiad a hanner; roedd o'n amlwg wedi bod wrthi'n o drwm ar y canabis mae o'n ei dyfu ynghanol ei domatos a'i datws (sy'n rhywbeth peryg iawn o ystyried y rheolau llym ynglŷn â chyffuriau yn y wlad yma – mae 'na luniau rheolaidd yn y *Nigerian Tribune* o bobol wedi eu saethu gan *firing squad* ar ôl eu dal efo cyffuriau). Ond mae Don yn amlwg yn un am dorri rheolau. Un o'r rheolau cynta i ni gael ein siarsio i lynu ati o'r funud y cyrhaeddon ni oedd na ddylen ni fynd ar gefn moto-beics, gan fod y beics eu hunain yn beryg bywyd, a'r ffyrdd yn llawn tyllau. Mae'n berffaith wir. 'Dach chi'n gallu mynd yn reit braf, ac yn sydyn, mi fydd 'na bydew chwe throedfedd o ddyfnder o'ch blaen chi. Ond mi gyfaddefodd Don iddo dderbyn lifft ar gefn beic un noson, pan oedd o'n cael trafferth cerdded am ryw reswm . . . a do, mi gafodd ddamwain a brifo'i goes. Rŵan, mi fasa unrhyw un arall wedi mynd i'r ysbyty, ond at y *witch doctor* aeth Don. Mae'n debyg fod hwnnw wedi bod yn ei drin yn ddyddiol ers wythnos efo ryw stwff du a phlu, a llafarganu ryw betha digon swynol medda Don, ac roedd o'n taeru bod y chwydd yn mynd lawr a'r boen yn mynd dow dow. Doedd 'na'm golwg felly arno fo. Roedd o'n amlwg yn wirioneddol giami, a chwys yn ddafnau dros ei wyneb. Mi geisiodd Katie a finna ei berswadio i ddod efo ni i Bida, ond roedd o'n gwbwl styfnig ac yn mynnu y byddai'r *ju ju* yn cael effaith cyn hir. Felly aethon ni yn ein blaena hebddo fo, ond mi alwon ni heibio Frankie yn Bida a deud yr hanes wrtho fo. 'Typical,' medda hwnnw.

Ymlaen â ni i Dabban a chael coblyn o noson dda. Roedd 'na rywun wedi cael gafael ar dân gwyllt ac yn rhoi sioe i'r plant lleol. Roedden nhw wrth eu boddau, yn gwichian a chwerthin efo mwynhad cymaint mwy didwyll na phlant adre rywsut.

Pan ddeffron ni fore Sul, roedd Katie yn sâl. Roedden ni'n poeni mai malaria oedd o i ddechra, nes inni sylweddoli mai symptomau dysentry oedd ganddi. Y greadures. Roedd hi'n diodde yr holl ffordd 'nôl, yn enwedig pan gawson ni lifft ar gefn tractor – oedd ar gefn lori. Nid y siwrne fwya cyfforddus, ond ro'n i wrth fy modd. Ond mi ddysgais i 'ngwers. Gawson ni aros noson efo Tony a Dietmar, dau VSO arall sy'n byw mewn tŷ reit gyntefig yn Paico, a chael llond gwlad o paw-paws i swper, sef math o felon meddal, lliw oren, sy'n fendigedig efo dipyn o fananas a sudd leim. Ond chysgais i 'run winc. Mi fues i'n rhedeg i'r cae efo tudalennau y *Nigerian Tribune* drwy'r nos, a chael fy nghnoi'n fyw gan bryfed bob tro. Mae ganddyn nhw le chwech, ond do'n i ddim yn ddigon hy i'w ddefnyddio gan mai cyrten ydi'r unig beth rhyngddo fo a gwely Tony. Dwi'n dal yn reit swil ynglŷn â phetha fel'na.

Tachwedd 9

Ar ôl galw heibio i'r banc a swyddfa'r post (wyth i Katie, tri i mi, a byth dim golwg o'i ysgrifen O), aethon ni heibio Frankie. Roedd ganddo fo goblyn o stori i ni. Ar ôl i ni sôn wrtho fo am Don, mi benderfynodd fynd i'w weld o, rhag ofn. Pan gyrhaeddodd o'r tŷ, roedd y creadur yn llwyd a llipa ac wrthi'n cael ei drin gan y *witch doctor*, a'r lwmp fel melon erbyn hyn. Mi fynnodd Frankie fynd â fo i Bida, a'i lusgo i'r ysbyty a Don yn gweiddi a strancio: *'Hey man, you're violating my rights here.'* Yn yr ysbyty, mi ddechreuon nhw drin y lwmp anhygoel 'ma oedd ar ei goes o, a'r eiliad agoron nhw'r peth, mi ffrwydrodd y cynnwys dros y waliau, y nenfwd, y doctoriaid, a Don. Mae'n debyg fod y lliw a'r arogl wedi codi cyfog ar bawb, ond llewygu wnaeth Don. Ia, *gangrene* oedd o, ac mi fu'n agos iawn at golli ei goes. Roedd o wedi bod yn dod ato'i hun mewn math o westy ers hynny. Aethon ni heibio i'r gwesty i chwilio amdano fo, ond roedd 'na gymaint o dabledi ynddo fo, roedd hi bron yn amhosib gwneud synnwyr o'i sgwrs o. O leia mae o'n gwella.

Roedd gan Frankie stori am yr adeg aeth Don adre i Loegr i weld ei gariad ar ddiwedd ei flwyddyn gynta. Mae'n debyg iddo brofi *culture shock* enbyd. Y bore cynta adre, aeth i mewn i'r siop gornel leol a dychryn y staff yn rhacs. Mi aeth yn honco bost o flaen y stondin greision a gweiddi *'Crisps! Oh my god, look! Crisps!'* a dechra crio. Doedd o'm wedi gweld paced ers dwy flynedd. Ond a bod yn onest, dwi'm yn siŵr be faswn inna'n wneud taswn i'n gweld llond bocs o greision caws a niónyn rŵan chwaith.

Tachwedd 12

Dwi'n dechra digalonni efo 'ngwersi. Mae dosbarth 1 a 2 yn ddigon hawdd, ond mae trio dysgu Shakespeare a Chaucer i'r lleill fel taro 'mhen yn erbyn wal. Sut yn y byd maen nhw i fod i ddallt rheina? Ond mae o'n rhan o faes llafur Cyd-bwyllgor Addysg Gorllewin Affrica, felly 'sgen i'm dewis. Dwi wedi bod yn trio dysgu dosbarth 4 sut i wneud darllen a deall, ond mae o bron yn amhosib. Mae'r darn yn deud: *'3 weeks ago Adamu went to Lagos.'* Dwi'n gofyn *'When did Adamu go to Lagos?'* a dwi'n cael atebion fel *'Yesterday?'*, *'Last year?'* ac nid chwarae'n wirion maen nhw. AAAAAA!!!

Mae'r llythyrau yn dechra diferu drwodd, ond dwi byth wedi clywed ganddo FO. Ond mi soniodd Mam ei fod o'n ffrinda mawr efo'i hen fflêm. Diolch Mam, ro'n i wirioneddol isio gwybod hynna.

Ac yn bendant, mae gynnon ni lygod yma. Es i i'r pantri efo lamp baraffîn heno, a be welais i ond dwsin o lygod mawr duon yn sgrialu i bobman. Mae'r diawlied wedi bod yn bwyta'n reis prin ni, wedi cnoi drwy bob un twb Tupperware a phob dim. Es i'n ôl efo Katie nes 'mlaen; hi'n gafael yn y lamp a finna'n fflingio rhaw i bobman fel melin wynt. Mi hitiais i ddwy ond methais i'r lleill am fod Katie yn neidio i fyny ac i lawr yn sgrechian drwy'r adeg a'r lamp yn mynd i bobman, felly do'n i'n gweld dim, nac o'n?

Mi wnes i gacenni cri i de, a doedd Mohammed Zhitsu a'i ffrindia ddim yn medru coelio 'mod i'n mynd i'r ffasiwn drafferth i wneud petha mor fychan. Pan ddechreues i rowlio'r toes efo potel mi gawson nhw ffitia. Ond roedden nhw wrth eu boddau yn eu bwyta nhw hefyd.

Mae'r plant bach tair a phedair oed wedi dechra dod i'n gweld ni, ac maen nhw'n fendigedig: petha bach boliog yn dod at y drws a syllu, gan aros yn amyneddgar i ni eu gwahodd i mewn. Mae eu llygaid mawr tywyll yn chwyddo a'u cegau yn disgyn yn agored wrth weld yr holl greiriau dieithr: fy radio grand, posteri Mordillo a Turner ar y wal, lluniau ein teuluoedd a'n cartrefi. Maen nhw wrth eu boddau yn bodio bob dim o fewn cyrraedd ac yn tyrchu am drysorau o'r bin sbwriel, ac yn cymryd bagiau plastig (*leder* maen nhw'n eu galw yma), tuniau llaeth a batris wedi darfod. Dydyn nhw ddim yn siarad gair o Saesneg wrth gwrs, ond maen nhw'n rhowlio chwerthin pan fyddwn ni'n gwneud ein gorau i gynnal sgwrs yn Nupe. Mi lwyddes i i ddallt mai mynd i wneud teganau oedden nhw efo'r tuniau llaeth gwag. Taswn i'n rhoi tegan go iawn iddyn nhw, dwi'n amau y bydden nhw'n dechra crio.

Màe 'na ambell un efo coesau siâp bwa, rickets meddai Katie, sef diffyg maeth. Does 'na neb yn llwgu yn Nigeria, ond mae 'na anwybodaeth ynglŷn â pha fwydydd i'w bwyta. Rydan ni'n ceisio argyhoeddi yr hogia bod y ffeithiau yn y llyfrau yn gywir, bod 'na fitaminau pwysig mewn llysiau ac ati, ond maen nhw'n taeru mai llond gwlad o yam a reis sydd bwysicaf. Maen nhw'n aml yn byw ar ddim ond lwmpyn o yam wedi'i ferwi a'i ddyrnu'n does. Oni bai am yr holl bysgod sydd mor hawdd eu dal, mi fyddai 'na lawer mwy efo coesau cam, mae'n debyg.

Tachwedd 14

Ge's i lythyr hir, hyfryd ganddo FO, wedi ei sgwennu ers wythnosau, a dwi'n maddau bob dim iddo fo a dwi wedi sgwennu saith tudalen ato fo yn barod. Ge's i lythyr gan y teulu hefyd, efo'r newyddion anhygoel fod Cymdeithas y Cymrodorion Lagos (ie, cymdeithas Gymraeg – yn Nigeria o bobman!) wedi gwahodd criw o gantorion draw ar gyfer dydd Gŵyl Dewi – a Dad ydi un ohonyn nhw! Alla' i ddim credu'r peth. Dwi wedi gwirioni yn rhacs ac wedi gyrru Katie rownd y bend efo'r holl weiddi a neidio. Bechod fod Mam ddim yn gallu dod hefyd.

Es i 'ngwely yn gynnar efo'i lythyr O a Judie Zuke yn fy suo i gysgu.

Tachwedd 15

Deffro efo gwên fawr ar fy wyneb wedi noson o felys freuddwydion. Roedd 3A a 3C wedi sgwennu storïau 'One day, I . . . ' unwaith eto yn hytrach na thraethodau call yn trafod back nestling sef y dull o gario babanod ar eich cefn, ond do'n i ddim yn flin efo nhw.

Ge's i egni anhygoel o rywle pnawn 'ma a dechra sgwrio y bàth, y sinc a'r lle chwech efo brwsh bras a Domestos. Ge's i ffit. Roedden ni wedi cymryd yn ganiataol mai brown oedd bob dim, ond maen nhw'n sgleinio'n wyn rŵan. Fydden ni byth yn eistedd yn y bàth, dim ond sefyll ynddo fo efo bwced a thywallt mwgeidiau dros ein pennau, felly dwi'm yn teimlo'n rhy afiach am y peth, ac o leia dwi'n dallt rŵan pam nad ydi fy nhraed i byth yn lân.

Mae 'na ddau *corper* wedi cyrraedd yr ysgol, sef myfyrwyr ar gwrs ymarfer dysgu. Seyi ydi enw un, ac mae o'n reit ddel. Igbo ydi o, llwyth o dde Nigeria. Mae'r gwahaniaeth yn reit amlwg, siâp wyneb hollol wahanol a chroen fymryn goleuach.

Mae pawb yn sôn am ryw wrach sydd wedi bod yn lladd plant bach y pentre. Dwi ddim yn dallt yn iawn, ond mae'n debyg fod 'na hogan fach wedi mynd ar goll ac mae ei rhieni hi'n beio hen ddynes fechan. Mae'r hogia yn fy nhaeru i ei bod hi'n hedfan drwy'r awyr fin nos yn chwilio am blant bychain sydd allan ar eu pennau eu hunain, er mwyn eu bwyta nhw. Mae dynion pwysig y pentre wedi bod yn ei holi hi, wel, ei stido hi mae'n debyg, a chan na welwyd yr hogan fach byth, mae hynny'n brawf ei bod hi'n wrach. Wedyn, dyma nhw'n dal dau frigyn o'i blaen ac os oedden nhw'n croesi, roedd o'n brawf pellach. Wrth gwrs, croesi wnaeth y brigau. Mae'r heddlu yn cyrraedd fory meddan nhw.

Tachwedd 16
Mi fues i'n dysgu barddoniaeth i 3A heddiw, dangos enghreifftiau syml, sgwennu un ar y cyd, ac yna gosod tasg iddyn nhw sgwennu rhai eu hunain erbyn diwedd y wers. Mae 'na rai yn ffantastig, ac mi nes i ofyn i ambell un eu darllen nhw o flaen y dosbarth. Roedd Mohammed Zhitsu wrth ei fodd! Dwi awydd gofyn i'r prifathro gawn ni wneud cylchgrawn ysgol.

Daeth Mohammed draw wedyn i ddeud bod yr heddlu wedi cyrraedd, ac wedi bod yn chwipio a dyrnu'r 'wrach' ers oriau, ond ei bod yn dal i wrthod cyfadde. Y sôn rŵan ydi fod 'na sect o wrachod sy'n lladd plant fel rhan o ddefod. Pan ddechreuodd Katie a finna bŵ-pŵian y peth, aeth o'n reit ddig, a deud na ddylen ni wneud hwyl am ben rhywbeth nad oedden ni'n ei ddallt. Rydan ni wedi penderfynu cadw ein barn i ni ein hunain. Ond alla' i ddim peidio â theimlo dros yr hen wreigan. Maen nhw wedi mynd â hi i'r carchar yn Bida.

Rydan ni yn Sakpe efo Don heno, am fod y prifathro wedi cynnig lifft i ni unwaith eto – fo a'r ddwy wraig a'r pum plentyn a ni'n dwy a hanner tunnell o fagiau a phowlenni i gyd mewn un car.

Mae'r hen Don yn llawer gwell, ac aethon ni am dro efo fo a'i faglau o gwmpas y pentre ar ôl chydig o win palmwydd a gwrando ar dapiau Eric Clapton a Sade. Roedd cerdded heibio i'r *mosque* yn wefreiddiol, yr awyr yn nefi blŵ ac yn llawn sêr, a swn y llafarganu tu mewn yn llenwi bob modfedd uwch ein pennau ni. Wedyn yn hwyr yn y nos, roedd 'na ddrymiau bongo gwych yn ein cadw yn effro yn y modd mwya perffaith.

Tachwedd 17

Diwrnod o wneud fawr o ddim. Gawson ni frecwast anferthol: wyau wedi'u sgramblo efo slots a chaws Fulani, grawnffrwyth ffres o'r goeden, tost, cornfflêcs a mêl gwyllt. Mae Don mor lwcus bod 'na ieir yn y pentre 'ma. Does 'na'm un yn Gbara, a dyna'r wyau cynta inni eu cael ers misoedd! Tua hanner dydd, fe benderfynon ni fynd i farchnad Kutigi, a mynd at y goeden wrth ochr y ffordd i ddisgwyl bws neu dacsi. Mi fuon ni yno tan bump heb weld unrhyw fath o gerbyd, ddim hyd yn oed moto-beic. Doeddwn i ddim yn poeni'n ormodol; ro'n i wedi benthyg copi Don o *The Prophet*, Khalil Gibran ac wedi gwirioni arno fo. Mae o mor farddonol, mor brydferth a phob gair yn taro deuddeg a finna allan ynghanol nunlle dan goeden efo dau ffrind yn disgwyl am rywbeth fyddai byth yn dod.

> *For what is your friend that you should seek him with*
> *hours to kill?*
> *Seek him always with hours to live.*
> *For it is his to fill your need, but not your emptiness.*
> *And in the sweetness of friendship let there be laughter and*
> *sharing of pleasures.*
> *For in the dew of little things the heart finds its morning*
> *and is refreshed.*

Ond y darn darodd fi go iawn oedd yr un yn delio â marwolaeth:

> *For what is it to die but to stand naked in the wind and to*
> *melt into the sun?*
> *. . . Only when you drink from the river of silence shall you*
> *indeed sing.*
> *And when you have reached the mountain top, then you*
> *shall begin to climb.*

And when the earth shall claim your limbs, then shall you
truly dance.

Ro'n i wedi fy ngwefreiddio, ac yn ei ddarllen yn uchel i'r ddau arall. Mi drodd Don ata' i ar ôl cyfnod hir, hir o dawelwch yn gwylio'r byd ddim yn mynd heibio, a deud y frawddeg nad anghofia' i byth: *'You know what? This is like watching a long video, but without the video.'*

Tachwedd 18
Aros noson arall efo Don fu ein hanes, a Katie yn sâl unwaith eto. Mi fydd raid inni brynu rholyn o bapur lle chwech i Don erbyn tro nesa.

Tra oedd Katie a finna'n aros dan y goeden i ddal y prifathro ar ei ffordd 'nôl i Gbara, daeth 'na ddynes heibio a rhoi efeilliaid newydd-anedig yn ein breichiau ni efo coblyn o wên fawr. Dyna'r babis lleia i mi eu gweld erioed. Roedd gen i ofn symud rhag ofn i mi falu rywbeth! Roedden nhw'n gochfrown, efo talpiau o waed wedi sychu yn dal arnyn nhw, a'r llinyn bogail yn dal yn wlyb. Roedd hi'n amlwg yn fraint cael gafael ynddyn nhw fel'na, ond ro'n i mor falch pan gymerodd hi nhw'n ôl. Do'n i prin wedi anadlu tra oedd y peth bach 'na yn fy nwylo i.

Tachwedd 19
Roedd 'na rywun wedi bod heibio swyddfa'r post! Ac roedd 'na lwyth o lythyrau i mi, gan gynnwys dau *Gambrian News* efo bagiau te a phecyn o saws caws gan Mam, a dau lythyr ganddo FO ac un ofnadwy o ffraeth gan Dad ac un hyfryd gan Nain. Dwi wedi mopio. Roedd Katie wedi cael un trist iawn gan ei mam; methu dallt pam oedd fy mam i'n cael cymaint o lythyrau gen i, a hithau'n cael cyn lleied gan Katie. Mae'n amlwg bod y ddwy fam yn ffônio ei gilydd yn reit aml. Roedd mam Katie yn honni iddi glywed llawer mwy am ein helyntion ni dros y ffôn gan Mam nag yn unrhyw lythyr gan ei merch ei hun. Mae'n rhaid i mi ddeud, llythyrau sych a pholeit iawn fydd hi'n eu sgwennu. Mae hi wedi bod yn ei gwely drwy'r pnawn. Dydi hi ddim wedi bod yn dda ers tro rŵan, ac yn goblyn o bifish heb reswm, ond fiw i mi ddeud hynna wrth Mam.

Ge's i ffit biws neithiwr, tra oeddwn i'n darllen yn fy ngwely. Dwi wastad yn gadael y ffenest yn agored er mwyn cael ryw fath o awyr iach. Mae'r sgrîn mosgitos yn cadw'r rhan fwya o bryfed draw, a dwi wedi dod i arfer â sŵn y *cicadas* yn canu grwndi ac ambell symudiad sydyn yn y brwyn a'r deiliach. Ond pan besychodd rhywbeth fel hen ddyn budur reit wrth y ffenest, bu bron i mi sgrechian mwrdwr. Dwi ddim yn gwisgo pyjamas mewn gwres fel hyn nac'dw? Ond ar ôl taflu fy hun o dan y gobennydd a rhewi am hir, daeth pwl arall o beswch, a dyma fi'n nabod y 'llais'. Gafr oedd o.

Tachwedd 20

Mi benderfynodd Katie fynd i Bida ar ôl ysgol heddiw. Teimlo'n well medda hi. Wel, doedd gen i ddim llwchyn o awydd mynd, ac am y tro cynta ers cyrraedd, dwi wedi cael y lle 'ma i mi fy hun! Rargol, dwi wedi mwynhau. Dwi wedi gwrando ar be dwi isio'i glywed, bwyta be dwi isio'i fwyta, gwneud fy mhaned fy hun – dim ond i mi, mynd a gwneud pethe pan o'n i'n teimlo fel eu gwneud nhw, heb deimlo 'mod i'n gorfod ymgynghori. Nefoedd! Ro'n i fel hogan fach dair oed. Mi wnes i olchi 'nillad a chlirio fy nghwpwrdd dillad. Mi wisgais fy ffrog gotwm Laura Ashley, gan 'mod i'n teimlo bod heddiw yn achlysur arbennig, a mynd am dro i'r pentre i nôl *kerosene,* a phrynu gwerth 50 kobo o iau a phedwar oren, a ge's i swper lyfli. Mi wnes i ddawnsio i dâp y *Top 40* a chanu ar dop fy llais tra oeddwn i'n dystio a sgubo. A rŵan dwi'n fy ngwely yn chwarae tâp Leo Ferré yn uchel. Od fel mae pethe bach mor bwysig.

Tachwedd 21

Deffro yn hapus braf a photsian o gwmpas y tŷ yn mwmian canu i mi fy hun cyn mynd i'r ysgol. Cyrhaeddodd Katie tua hanner awr wedi naw, yn edrych yn flinedig, ond efo wyau a darn o gaws (waw! a chaws go iawn hefyd!) gafodd hi gan y chwiorydd. A thri llythyr iddi hi a dim un i mi.

Rois i brawf i'r ddau ddosbarth 3 heddiw, a dwi wedi marcio bob un. Mae'r mwyafrif llethol wedi pasio. Aliyu Shuaibu oedd y gorau gyda 85%, a Mohammed Zhitsu yn ail efo 84%. Dwi mor falch. Maen nhw'n dallt wedi'r cwbl.

Daeth Isah ac Umaru draw ar ôl ysgol i weld os oedden ni angen help efo unrhyw beth. Felly ar ôl iddyn nhw helpu Katie i drawsblannu pethe yn yr ardd, a fy helpu inna i dynnu'r cynrhon allan o'r blawd ar gyfer stoc newydd o gacenni cri, mi ddeudais i y gallen nhw fy helpu i i drwsio fy ngwely yn iawn. Sôn am chwerthin! Mi lwyddon ni i'w falu'n rhacs deirgwaith cyn llwyddo i'w roi o'n ôl at ei gilydd yn waeth nag oedd o cyn cychwyn.

Daeth Martin, Seyi y Corper (sy'n dod draw yn afresymol o aml yn ddiweddar) a'r plismon draw heno, felly mi fuon ni'n eistedd tu allan yn y tywyllwch (Katie a finna wedi stwytho ein hunain mewn stwff atal mosgitos o'r enw *Off*) efo ambell botel o gwrw cynnes a Michael Jackson ar y *ghetto blaster*. Roedd hi'n noson hyfryd, a phan ddaeth y plant heibio ar eu ffordd yn ôl o'r *prep*, mi alwodd bob un draw i ymuno efo ni, a dawnsio i gyfeiliant *'Billy Jean'* a *'Let's Dance'* David Bowie. Mae 'na ddawnswyr gwych yma, ac mi gawson ni noson gwbwl berffaith. Roedd hyd yn oed Katie yn neidio o gwmpas y lle fel peth gwirion.

Tachwedd 29

Pen-blwydd Katie, felly mi godais yn gynnar a pharatoi brecwast arbennig iddi: paw paw ffres, tost (wedi'i wneud ar badell ffrio) ac uwd. Mi wnes i gerdyn iddi hefyd, a rhoi pecyn o ffags High Society a photel o gonditioner iddi fel anrheg. Mae conditioner yn costio ffortiwn yma. Wedyn, ar ôl ysgol, mi wnes i *summer pudding* efo paw paw (ei ffefryn) iddi fel cacen pen-blwydd, ac yna daeth Martin, Seyi a'r criw draw efo llond bocs o gwrw. Roedd Katie wrth ei bodd, ac yn edrych gymaint gwell ar ôl golchi ei gwallt a defnyddio'r conditioner. Mi fuon ni'n dawnsio am oes, ac yna cael gêm o Scrabble i orffen y noson. Ac am y tro cynta, fi enillodd. Mae'n uffar o job curo rywun gafodd radd dosbarth cynta o Rydychen!

Newyddion i'n sobri yn yr ysgol heddiw. Bydd deg o'r athrawon yn colli eu swyddi ddiwedd y mis. Teimlo'n annifyr a deud y lleia – mi fydd Katie a finna yn aros, ond mae'r athrawon sy'n mynd yn rhai profiadol, efo tystysgrif ymarfer dysgu. Does ganddon ni ddim.

Roedd heddiw yn ddiwrnod digon mwll o ran tywydd. Mae'r

harmattan ar ei ffordd meddan nhw, felly mi fydd 'na lwch oren yn chwyrlïo i bobman toc.

Rhagfyr 1

Cyfarfod rhieni heddiw. Rhieni? Dim ond y tadau oedd yno, a neb yn dod i holi Katie a finna, dim ond gwenu arnan ni wrth fynd heibio. Y broblem ydi nad ydi ein Nupe ni'n ddigon da a'u Saesneg nhw fawr gwell. Mi fuon ni'n eistedd a gwenu'n ufudd am bedair awr, ac ro'n i mor falch 'mod i wedi dod â Graham Greene efo fi – mi lwyddais i'w orffen hefyd.

Aethon ni am dro drwy'r pentre efo Mr James heddiw, a'n camerâu efo ni. Mae'n help ei gael o efo ni er mwyn gofyn caniatâd pobol i ni dynnu eu lluniau. Mae'n gas gen i deimlo fel twrist, ond ar y llaw arall dwi isio dangos i bawb adre pa mor anhygoel ydi Gbara. Doeddwn i ddim wedi sylweddoli pa mor fawr ydi'r pentre mewn gwirionedd. Roedd hi'n ddiwrnod hyfryd a phobman yn edrych mor wefreiddiol o dlws. Mi fuon ni'n tynnu lluniau o dai, popty clai neu ddau, yr afon, dynion yn adeiladu tai newydd efo mwd a gwellt, dynes yn glanhau pysgod – ac mi brynes i un a gwneud kedgeree blasus tu hwnt efo fo heno.

Ar ôl sesiwn dda o aerobics a bàth, es i i 'ngwely yn teimlo'n wirioneddol fodlon fy myd. Dydw i ddim yn ei golli O hanner cymaint rŵan.

Rhagfyr 4

Mae'r arholiadau wedi dechra ac mi fues i'n arolygu arholiad mathemateg am ddwy awr bore 'ma. Mi ddaliais i ddau foi mawr yn pasio papur llawn atebion i'w gilydd, a deud wrth Mr Mensah yr athro mathemateg o Ghana. Ro'n i'n teimlo'n gas, ond dwi wedi cael llond bol ar yr holl driciau 'ma. Roedd y ddau hongliad mawr dros eu chwe throedfedd jest â chrio tra oedd Mr Mensah yn dwrdio fel dwn i'm be, ond roedd o'n ddigon teg efo nhw. Mi gafon nhw orffen yr arholiad – heb unrhyw lyfrau na darnau papur yn eu pocedi.

Gawson ni wahoddiad i chwarae pêl-foli efo rhai o'r hogia ar ôl ysgol, a rargol, mi wnes i fwynhau. Maen nhw'n chwaraewyr arbennig o dda, yn enwedig o ystyried cyflwr y bêl. Mae hi'n pwyso tunnell ac yn galed fel haearn Sbaen, ac mae 'mreichiau i'n gleisiau byw rŵan. Dwi wedi sgwennu llythyr at Ysgol y Gader, fy hen ysgol uwchradd, yn disgrifio'r adnoddau sydd yma. Meddwl tybed fydden nhw'n gallu cynnal bore coffi neu rywbeth i hel pres ac yna gyrru peli, llyfrau ac ati draw pan ddaw Dad i Lagos. Dydw i ddim gwaeth a gofyn nac'dw?

Rhagfyr 9

Mi fuon ni ar gwrs dysgu Nupe y penwythnos yma. Ro'n i wedi dysgu sut i gyfarch ac ati yn barod, ond mae trio rhoi brawddegau at ei gilydd yn fater gwahanol. Y broblem ydi bod Nupe yn iaith sy'n cael ei chanu. Sumai ydi *'Ke we wanaw'* = soh soh lah soh. A'r ateb ydi *'mi jin yebo'* = me doh soh doh. Faint ydi hwnna ydi *'Wokin wea kuon?'* = fah lah me me soh soh. Ac os na chewch chi'r nodau yn iawn, mae o'n gallu golygu rhywbeth hollol wahanol. Ond os dwi isio sgwrsio efo'r merched mae'n rhaid i mi ddysgu Nupe. Roedd Hausa gymaint haws.

Ar ôl cinio dydd Sadwrn, es i i'r farchnad i ymarfer fy mrawddegau newydd, ac ew, ro'n i'n cael eitha hwyl arni dwi'n meddwl. Ac mi ro'n i'n gwisgo fy *wrapper* newydd, sef darn o ddefnydd lliwgar sy'n cael ei lapio o amgylch y corff rŷw ddwywaith dair a'i glymu am y wasg. Maen nhw'n wych ar gyfer y tywydd poeth 'ma, ond dydach chi ddim yn medru cymryd camau breision ynddyn nhw. Ac yna ge's i anffawd fechan.

Mae 'na ffosydd yn rhedeg drwy'r farchnad, yn llawn sbwriel a budreddi a . . . wel . . . carthion, ac nid jest rhai anifeliaid. Dwi wedi hen arfer efo'r drewdod erbyn hyn. Ro'n i'n cerdded ar hyd un o'r siwars agored 'ma pan ddois i ar draws hen ddyn bach yn cwrcwd . . . Do'n i'm isio creu embaras iddo fo drwy'i basio fo na disgwyl iddo fo orffen be oedd o'n ei wneud, felly mi benderfynais i neidio dros y ffos. Dydyn nhw ddim yn rhai llydan iawn ond wnes i'm cofio 'mod i'n gwisgo'r blincin *wrapper* nes ei bod hi'n rhy hwyr. Mi ge's i fy stopio ar hanner naid gan fy sgert dynn a phlymio i'r llysnafedd afiach 'na at fy mhenglinia. Pan lwyddais i ddringo allan, roedd fy nghoesau yn dew efo'r stwff. Mi fues i'n sefyll yno am dipyn yn methu symud na phenderfynu be i'w wneud. Ac yna mi ddoth 'na hen ddynes fach oedd wedi gweld y cwbwl ata' i efo cadach a sosban o ddŵr a golchi 'nghoesau i mi. Ro'n i'n gwybod yn iawn mai ei dŵr yfed prin hi oedd o, ond mi fynnodd. Dwi mor falch bod gen i ddigon o Nupe i ddiolch o waelod calon iddi.

Rhagfyr 12

Arholiadau yn ddi-dor, a dal dwsinau yn cambihafio. Trio marcio a gwneud fy syms, ond dwi'n cael trafferth ofnadwy. Fues i rioed yn un dda efo mathemateg, ond wedi i Seyi roi menthyg *calculator* i mi, dwi'n hedfan drwy fy llyfr marcio, er i mi dreulio oes pys yn deall sut i'w ddefnyddio fo yn y lle cynta. Oni bai am Mr Mensah, mi faswn i'n dal wrthi.

Rois i bapurau yn ôl i un dosbarth heddiw, a bron â chael miwtini ar fy nwylo. Doedden nhw jest ddim yn medru dallt bod 30/60 yn union yr un peth â 50/100. Wedyn mi fues i (o bawb!) yn rhoi gwers maths iddyn nhw yndo!

Doedd y canlyniadau ddim yn wych, allan o un dosbarth o 56, dim ond 22 basiodd eu papur Saesneg, ond wedi deud hynny, dim ond tri o'r un dosbarth basiodd y papur mathemateg! Roedd Mr Mensah yn wallgo.

Mae Seyi yn hongian o 'nghwmpas i efo llygaid llo ers dyddiau rŵan ac yn dechra mynd ar fy nerfa i. Dwi'n ddiolchgar iawn am gael defnyddio ei *galculator,* ond mae hyn yn mynd yn wirion.

Daeth yr *essential commodities* heddiw, sef chwe thun o laeth powdwr a dau fag mawr o siwgr. Rydan ni'n gorfod talu amdano fo, ond dim ond traean y pris arferol, un o *tax perks* cael bod yn athro. Mi fydd 'na reis yn cyrraedd tymor nesa mae'n debyg. Defnyddiol dros ben. Mae'r llygod wedi mynd drwy hanner ein stoc ni bellach, a'r cynrhon yn berwi.

Wedi bod yn chware pêl-foli efo'r hogia bron bob nos. Mae'n goblyn o hwyl, yn enwedig pan fydda i'n plymio'n kamikazïaidd am y bêl ac yn cael llond ceg o swnd. *'You are trying, Miss!'* ydi cytgan gyson y plantos. Maen nhw wedi ceisio 'nghael i i chwarae pêl-droed efo nhw, ond dydw i ddim yn teimlo'n ddigon ffit i wynebu hynny eto. Newydd gael pêl maen nhw, a honno'n hen fel cant, yn llawn tyllau ac yn drwm was bach, yn union fel un o'r pethe *medicine balls* 'na. Dwi'n methu dallt pam nad oes neb yn torri bawd ei droed arni, yn enwedig gan fod pawb yn chwarae'n droednoeth.

Mae 'na goblyn o bishyn wedi cyrraedd yr ysgol. Gboya

Ndabida. Fo ydi'r athro amaethyddiaeth newydd a phennaeth y Clwb Ffermwyr Ifanc. Dwi awydd cynnig ei helpu, fel cyn-aelod fy hun. Mae o tua chwe throedfedd a thair modfedd efo corff fel Adonis a gwên sy'n gwneud i mi gochi at fy nghlustiau.

Rydan ni'n tueddu i gerdded ar draws yr afon rŵan yn lle disgwyl am ganŵ. Dydi hi ddim yn ddwfn iawn bellach, dim ond at ein penolau, ac mae hi mor oer o'i chymharu â'r popty tu allan. Rydan ni'n gwneud ein gorau i anghofio bod 'na bryfetach meicrosgopig yn y dŵr sy'n gallu rhoi petha afiach fel bilharzia i ni, ond gan fod raid cerdded cryn dipyn drwy'r dŵr bas at y canŵ i ddechra cychwyn, be ydi'r gwahaniaeth?

Rhagfyr 14

Diwrnod ola'r tymor, diwrnod oedd i fod yn un hapus, ond ge's i lythyr gan Mam ddoe sydd wedi troi bob dim ben i waered. Roedd hi wedi penderfynu mai'r peth gora fyddai bod yn onest, gan fod pawb yn gwybod ers talwm ond yn ofni deud wrtha' i, felly dyna lle'r oedd o, mewn du a gwyn, rhywbeth dwi wedi bod yn ei deimlo ym mêr fy esgyrn ers tro: mae O wedi bod yn canlyn yn agored efo rhyw hen ast fach o dre ers wythnosau. Mi dorrais i 'nghalon yn y fan a'r lle a mynd i'm llofft i feichio crio nes roedd y gobennydd fel pwdin. Ac i wneud pethe'n waeth, daeth Gboya y pishyn draw yn arbennig i 'ngweld i, a finna'n gorfod gofyn i Katie ddeud wrtho fo nad o'n i'n teimlo'n dda ac na allwn i ei weld o. Mae hynna'n snyb ofnadwy yn Nigeria, ond do'n i wir ddim yn gallu ei wynebu o, ddim a 'ngwyneb i'n chwyddedig a choch a'm llygaid fel marblis sgarlad a 'mhen i'n pwnio efo'r cur pen mwya diawchedig. Mi adawodd yn flin iawn, medda Katie.

Pan godais i o 'ngwely rai oriau wedyn, daeth Seyi draw, isio benthyg fy matris i. Mi waeddais i arno fo i'w heglu hi o'na'n reit handi, nes bod y creadur jest â chrio. Nes 'mlaen, es i'n ôl i 'ngwely efo llyfr *Rough Strife* oedd yn gwneud i mi deimlo'n waeth, a gwrando ar Janis Ian, oedd yn gwneud i mi deimlo'n waeth byth.

Ro'n i'n teimlo mor wag heddiw, a ffarwelio efo pawb fel taswn i mewn breuddwyd. Mae pawb wedi mynd, a'r pentre fel y bedd. Dydi hi ddim ond naw y nos a dwi'n fy ngwely.

Rhagfyr 16

Bore Sul ydi hi, 9.30, a dwi wedi codi ers dwyawr. Mae hi'n dawelach nag erioed rŵan, ond mae hi mor braf cael llonydd i lolian o gwmpas y tŷ. Gan amlaf, mae 'na domen o blant yma, neu o leia Fatima, gwraig y prifathro, neu ddau neu dri o'r athrawon. Mae'n ddigon i dy yrru di'n wallgo weithie. Dydi'r busnes 'gofod personol' 'ma ddim yn bod yn y rhan yma o'r byd. Mae o mor bwysig i mi.

Yr unig fwydiach sydd ar ôl heb gynrhon ydi'r tun powdr cwstard. Rydan ni'n tynnu'r rhan fwya ohonyn nhw allan o'r reis, ond mae 'na gymaint ohonyn nhw, waeth i ni heb. Felly rydan ni'n tywallt petha fel ein basil sych a saets dros y cwbwl, a cheisio twyllo ein hunain mai dyna be yden nhw.

Wedi bod yn golchi dillad, ac mae lastig bron bob nicer sy' gen i wedi breuo. Y gwres mae'n debyg. Maen nhw'n gwerthu niceri yn y farchnad yn Bida, ond maen nhw i gyd yn rhai neilon. O, am gael Marks and Spencers yn handi. Mae Katie yn dechra poeni am ei lastig hitha hefyd. Mi fydd raid prynu brêsus neu rywbeth toc.

Rhagfyr 18

Gwneud fawr ddim ers dyddiau, heblaw darllen a gwneud cardiau Nadolig. O, a dwi wedi cael llythyr arall ganddo FO, un cariadus iawn, wedi'i bostio ers tair wythnos, felly dwi'n hollol conffiwsd rŵan.

Dwi wedi gwneud Santa Clôs allan o hen dun stwff lladd pryfed, gyda crayons coch a gwlân cotwm. Mae o'n reit ddel a chysidro. Chwarae teg i *Blue Peter*.

Daeth Martin draw am sgwrs ac egluro bod Seyi wedi syrthio mewn cariad efo fi. '*He is sick with you,*' medda fo. Am ffordd o'i roi o. Ond does gen i ddim lwchyn o ddiddordeb, a dwi wedi deud wrth Martin am y llythyr ge's i gan Mam. Roedd o'n hynod glên, ac mi ddiflannodd am ryw ugain munud a dod 'nôl efo hanner dwsin o boteli cwrw. 'Ngwashi.

Mae Katie'n sâl, yn pesychu fel hen ddafad, ac mae 'na rywbeth mawr yn bod efo'i llygaid hi. Mae 'na un bron â chau yn llwyr, a rhyw hen hylif afiach melyn yn cronni ynddo fo o hyd.

Pan ro'n i'n eistedd ar lan yr afon y diwrnod o'r blaen, daeth criw o bobol Fulani heibio, tra oedden nhw'n gyrru gyr o wartheg tua'r gorllewin. Maen nhw'n hel llwch ofnadwy, ac mae'n union fel golygfa allan o ffilm. Ambell ddarn o fuwch denau efo lwmp ar ei chefn i'w weld drwy'r cymylau niwlog, a Fulani tal, hynod fain a chefnsyth yn cerdded yn bwyllog y tu ôl, efo ffon hir a gwên dawel. Criw o ddwy ferch ac un llanc ddaeth ata' i, yn swil ofnadwy ac yn gwenu'n nerfus. Mi wnes i wenu'n ôl a deud *'Ke we wanaw?'* yn fy Nupe gorau, a dyma nhw'n rhowlio chwerthin. Ai oherwydd fy acen neu y ffaith fod rywun gwyn yn siarad chydig o Nupe? Dwi ddim yn siŵr.

Daeth un o'r merched ata' i, yn canu grwndi ryw iaith ddiarth i mi, cymysgedd o Hausa a Nupe dwi'n meddwl. Roedd hi'n anhygoel o dlws, yn dal a main ac yn symud yn araf a gosgeiddig fel cath Siamese, a phatrymau glas cywrain dros ei breichiau, ei choesau a'i hwyneb. Gyda thrwch o khol am ei llygaid duon siâp almond, hanner dwsin o glustdlysau ym mhob clust a mwclis lliwgar am ei gwddf a'i harddyrnau, mi fyddai hi wedi curo unrhyw fodel ar y *catwalk* ym Mharis. Roedd hi'n cario llond powlen o laeth ar ei phen a thynnodd o i lawr i gynnig diod i mi. Mi faswn i wedi bod wrth fy modd yn cael blas ohono fo, ond roedd yr arbenigwyr yn Kano wedi ein rhybuddio nad ydi llaeth y Fulanis yn cael ei drin, ac y gallai gael effaith go andwyol ar ein stumogau Ewropeaidd ni. Bu raid i mi wrthod efo gwên, ond doeddwn i ddim wedi pechu. Tra oedd hi'n dal i ganu grwndi, eisteddodd wrth fy ochr a gofyn gyda'i dwylo a'i haeliau os y câi gyffwrdd fy ngwallt. Iawn tad, dim problem, dydw i wedi hen arfer erbyn hyn? Mae'r plant bychain byth a hefyd isio cyffwrdd fy ngwallt i. Mae o wedi troi yn felyn, felyn erbyn hyn, ac yn destun difyrrwch mawr bob amser. Roedd hi'n chwerthin fel plentyn wrth ei gyffwrdd, a galwodd ar ei ffrindiau i ddod draw hefyd, a dwi'n eitha siŵr mai rhywbeth fel 'Neith hi mo'ch bwyta chi' ddeudodd hi. Mi fuon nhw'n chwarae efo 'ngwallt i a'r blew mân, melyn sydd ar fy mreichiau i am hydoedd, ond ro'n i wrth fy modd, ac yn cynnal sgwrs ddieiriau rhyfeddol o rugl. Ei brawd a'i chwaer oedd y ddau arall, a thynnodd fy nghoes fod ei brawd am fy mhriodi – neu rywbeth digon tebyg! Eiliadau fel'na fydd yn aros yn y co' am flynyddoedd, siŵr gen i.

Rhagfyr 22

Aethon ni i Minna ddoe, i adnewyddu ein *residence permit*, a galw heibio gwersyll Biwaters fin nos. Mae 'na griw o bobol o Wlad Pŵyl wedi cyrraedd, ac fe gawson ni wahoddiad i'w tŷ nhw wedyn, lle fuon ni'n dysgu geiriau fel *Nastroviem*, gair sy'n cael ei yngan cyn clecio gwydraid bychan o vodka, drosodd a throsodd a throsodd. Mi fues i'n chwydu 'mherfedd yn yr ardd cyn hir, mae'n debyg, a phan ddeffrais y bore canlynol, mewn gwely bach clyd wrth got plentyn tair mlwydd oed, doedd gen i ddim clem lle'r o'n i. Ac yn sicr doedd gen i ddim syniad pwy oedd y plentyn penmelyn oedd isio i mi ei helpu i liwio ei lyfr, ac yn cabalatsio iaith ddiarth arall.

Ar ôl brecwast o amgylch bwrdd o bobol oedd yr un mor llwyd â'i gilydd, aeth Katie 'nôl i Gbara efo ffrind o'r enw Nick oedd yn Rhydychen efo hi – maen nhw am dreulio chydig ddyddiau yno cyn ein cyfarfod noswyl Dolig, ac es inna draw i'r NET Office, lle mae'n bosib ffônio adre am grocbris. Roedd Mam yn falch iawn o glywed fy llais ac yn byrlymu efo hanesion pawb a'r ffaith fod prifathro Ysgol y Gader wedi darllen fy llythyr yn y gwasanaeth, a'u bod nhw am yrru peli pêl-droed, pêl-rwyd a phêl-foli. Gwych. Wedyn, mi wnes i ei ffônio FO. Dwi byth isio sgwrs ffôn fel yna eto. Ro'n i'n deud 'helo' mor hapus ar y cychwyn, a'r oerfel yr ochr arall fel cyllell. Gwrthododd ddeud yn union be oedd yn bod: 'Gei di lythyr yli.' Mi rois i'r ffôn i lawr, ac ar ôl cyfnod hir o bendroni mud, aeth yr awyr yn biws. Ro'n i isio mynd adre i Gbara yn syth, a chyn pen dim, ge's i lifft gan lori Kronenbourg.

Dyna lle'r o'n i yn eistedd ar y silff gefn, gyda photel o Kronenbourg ge's i gan y gyrrwr, yn gwylio'r wlad anhygoel 'ma'n gwibio heibio, plant ar ochr y ffordd yn codi eu dwylo arna' i, a'r cês o yrrwr yn morio canu *'Billy Jean'* efo'i dâp Michael Jackson, pan ge's i'r teimlad rhyfeddol 'ma o *ryddid!* Ro'n i newydd ddarllen llyfr gyda'r geiriau: *'Escape from love is like that of a slave from a tyrranous master,'* a dyna'n union sut dwi'n teimlo rŵan. Dwi'n teimlo'n ysgafnach rywsut, fel taswn i'n ddi-hid ac yn barod i fynd amdani a gwerthfawrogi bywyd Nigeria go iawn. Stwffio'r crinc. Mae petha'n newid o fa'ma 'mlaen.

Rhagfyr 24

Yn lle mynd 'nôl i Gbara, es i efo Don a Maeve i Sakpe. Does 'na'm dwywaith, dyna'r ddau VSO neisia sy' 'ma. Hogan o ogledd Lloegr ydi Maeve. Mae hi'n saith ar hugain ac yn dipyn o gymêr. Pêl-droed ydi'r peth pwysica yn y byd iddi ac mae hi'n ddyfarnwraig go iawn. Hi fydd yn hyfforddi tîm pêl-droed Dabban, y pentre lle mae hi'n gweithio, sydd tua hanner can milltir i'r gogledd o Bida. Mae'n hogan gall â'i thraed ar y ddaear, a dwi'n meddwl y byd ohoni. Mae'n berffaith amlwg ei bod hi wedi mopio efo Don ond mae hi yr un mor amlwg nad ydi o'n sylweddoli hynny, neu ella ei fod o'n gwybod yn iawn ond ddim am i betha ddatblygu fel'na. Mae'n anodd deud efo Don weithie.

Gŵyl y pentre oedd yr achlysur arbennig a'n tynnodd i Sakpe. Pan gyrhaeddon ni, roedd y pentrefwyr i gyd mewn cylch yn eu dillad gorau, a dwsin o ddynion yn labio bongos o bob lliw a llun, a phawb wedi cynhyrfu yn llwyr. Yna dechreuodd dynion ifanc a hogia bach herio'i gilydd i ymladd. Roedd o'n groes rhwng karate a bocsio Thai a *sumo wrestling* i gyd efo'i gilydd, a ddeallais i byth mo'r rheolau, ond roedd hi'n olygfa a hanner.

Aethon ni i chwilio am win palmwydd wedyn, ond doedd 'na 'run tropyn ar ôl. Mae pobol Sakpe wedi yfed y coed yn sych. Ro'n i wedi amau bod eu llygaid yn sgleinio mwy nag arfer. Dim problem, roedd gan Don ddigon o betha eraill i'n cadw yn hapus.

Y diwrnod wedyn, dechreuodd y dawnsio a'r canu a'r actio. Gawson ni seddi arbennig am ryw reswm, a chael perfformiadau yn arbennig i ni. Roedd o braidd yn embarasing, ond fe eisteddon ni drwy'r cwbwl am oriau nes roedd fy mhen-ôl i'n sgrechian. Mi fydd yr atgofion o'r lliwiau, y sŵn a'r llwch gen i am byth.

Bore heddiw, mi rois i gynnig ar nôl dŵr o'r ffynnon a chario'r bwced ar fy mhen, fel mae'r genod lleol yn ei wneud mor osgeiddig. Ro'n i'n anobeithiol. Mae'r ffynnon ar waelod math o bydew anferth, a'r allt yn ôl i fyny yn serth ar y naw. Ge's i lond bwced dros fy mhen ar ôl dwylath.

Wedi i 'nillad i sychu, aeth Maeve a finna i Bida, lle gawson ni gacen Dolig gyfan a go iawn gan y chwiorydd ar gyfer y parti yn nhŷ Nancy y CUSO fory. Heibio Frankie wedyn, oedd newydd dynnu twrci allan o'r popty, felly gawson ni ginio hyfryd efo fo. Doedd ganddo fo fawr o drimins, dim ond tomatos a letus, ond fory gawn ni betha mwy Nadoligaidd. Pnawn hir a difyr yn prynu presantau bach yn y farchnad wedyn. Ge's i bwrs Fulani i Katie. Ymlaen â ni i Kutigi a chynorthwyo Nancy i baratoi coblyn o wledd. Mi fuon ni'n gwneud addurniadau o bob math ac mi wnes i Santa Clôs *Blue Peteraidd* arall.

Roedd 'na bymtheg ohonon ni yn bwyta yn y diwedd. Cyrris o bob math, stwnsh tatws melys, salads, cacennau, a'r diodydd yn llifo. Ar ôl canu carolau diddiwedd, aethon ni 'mlaen i'r parti Ghanayan dros y ffordd, lle gawson ni'n stwffio efo mwy o fwyd, a hwnnw'n wirioneddol boeth. Mwy o ganu carolau, dawnsio a malu awyr o gwmpas y tân gwyllt. Gawson ni ein gwahodd i barti'r Indiaid i fyny'r stryd wedyn, a chael mwy o fwyd eto, a hwnnw mor boeth allwn i ddim yngan gair am chwarter awr! Roedd hi mor od eistedd allan yn y gwres ar noson Dolig. I'r gwely tua phedwar o'r gloch; methu symud.

Diwrnod Dolig
Cododd pawb drifflith-drafflith tua'r deg, un ar ddeg 'ma. Ar ôl ciwio am y lle chwech a chael brecwast hir a chwarae gêmau gwirion fel 'Tasa'r person yma'n fwyd/coeden/gwlad, mi fasa'n –' (*Chocolate fudge cake* o'n i yn ôl un o'r CUSOs. Dwi'm yn siŵr sut i gymryd hynna.) Aeth Maeve a finna ati i stwffio'r cywion, gwneud pastry a stwffio marrow. Roedd gan bawb joban fechan i'w gwneud, ond eistedd allan yn yr ardd wnaeth Katie, yn gwrando ar araith y Frenhines. Roedd hi'n uffernol o flin am mai hi oedd yr unig un oedd isio gwrando arni. Pan ddechreuodd y *World Service* chwarae 'God Save The Queen', mi gododd ar ei thraed a chanu ar dop ei llais. Ro'n i'n embarasd drosti. Ac mae ganddi'r wyneb i 'ngalw i'n eithafol!

Dechreuodd y sglaffio am bedwar, ac roedd o'n wirioneddol fendigedig a Nick y llysieuwr yn canmol y marrow i'r cymylau. Roedd y cwrw'n llifo, y dawnsio'n wallgo, y gêmau yn mynd yn fwy hurt, ac yna gawson ni ein hel i barti arall i fyny'r ffordd. Nigerians Cristnogol a meddw gaib oedd y rhain ac roedd y dawnsio yn union fel y tro cynta hwnnw yn Kano, ond dwi'n giamstar arni bellach! Bobol bach, gawson ni hwyl. Ge's i blwc bach o hiraeth unwaith neu ddwy hefyd; mae Dolig heb deulu yn deimlad dieithr iawn.

Rhagfyr 30

Dwi yn y nefoedd. Dwi'n eistedd yn yr haul o dan goed palmwydd, newydd fod yn lolian yn y ffynnon boeth ers oriau. Mae o mor gynnes; mor las a chlir. Mae'n codi o grombil y ddaear o dan anferth o graig wen a'r lli yn wirioneddol gryf. Mae nofio efo fo yn gwneud i mi deimlo fel y ferch feionic a nofio yn ei erbyn bron yn amhosib; mynd fel y diawl a mynd i nunlle. Os ydach chi yn gadael i'r lli fynd â chi fel y mynno, rydach chi'n cael eich gyrru i lawr drwy'r jyngl ar gyflymder anhygoel a'r adar enfysaidd a'r babŵns yn sbio'n wirion arnoch chi. Mae o'n wirioneddol ffantastig, nes i chi drio dod yn ôl.

Rydan ni yma yn yr *Yankari Game Reserve* ers tridiau rŵan, rhyw hanner cant o VSOs y wlad yn trafod problemau a rhannu profiadau mewn gweithdai. Mae o wedi bod yn hynod o ddifyr, er bod y babŵns yn boen. Rhaid cofio cloi bob drws a bob ffenest yn y *chalets*, neu mae'r diawlied bach yn dwyn bob dim, a fiw i chi fwyta o'u blaena nhw, neu maen nhw'n siŵr o neidio arnoch chi a rhwygo'r bwyd allan o'ch dwylo, a does 'na neb call isio cega efo dannedd fel'na.

Mae 'na gawodydd go iawn yma, a dŵr poeth yn dod drwy'r tapiau, a sglodion a sôs coch ar gael yn y caffi. Mae'r amrywiaeth o bobol yn wych, a dwi wedi dod i nabod VSOs sy'n bobol hollol ffantastig. Mae 'na un boi yn arbennig o ddifyr, Kevin, dyn tal, tywyll efo llygaid sy'n gwenu. Roedd o yn Kano yr un pryd â ni, a dwi'n cofio sylwi arno fo bryd hynny hefyd. Mi fues i'n nofio efo fo yn y tywyllwch neithiwr ac echnos, a 'dan ni am fynd eto heno.

Mae Katie yn mynd ar fy nerfa i go iawn, ac mae'n amlwg nad ydi hi'n mwynhau ei hun yma. Dydi hi ddim yn trio cyd-dynnu efo neb ar wahân i'r rhai mae hi'n eu nabod eisoes, ac yn pwdu y rhan fwya o'r amser. Dwi wedi colli amynedd efo hi.

Mae 'na ddwy ferch wedi rhoi'r ffidil yn y to yn barod ac wedi mynd adre i Loegr ers bron i fis. Dwi'n cofio eu gweld nhw yn ystod y cwrs cynta 'na. Dwy rech wlyb os welais i ddwy rech wlyb erioed. Genod *twin-set* a pherlau oedd yn gwingo os oedd rhywun du yn dod yn rhy agos. Dwi methu dallt sut wnaethon nhw basio'r cyfweliadau VSO yn y lle cynta.

Rhagfyr 31

Wedi bod ar saffari! Dwy awr a hanner ar gefn anghenfil o lori a llwyddo i weld llew, dau eliffant, crocodeil (dwi'n amau mai darn o goedyn oedd o, ond roedd y gyrrwr yn taeru mai crocodeil oedd o . . . mmm) a chant a mil o geirw ac adar arallfydol. Ro'n i'n eistedd wrth ochr Kevin, ac yn mwynhau teimlo blew ei goes yn cyffwrdd fy nghoes i gymaint, bron i mi fethu gweld y llew.

Mae'n gymaint o bechod mai dyma'r unig anifeiliaid mawrion gwyllt sydd ar ôl yn y wlad. Cafodd y rhan fwya eu lladd a'u bwyta yn ystod rhyfel Biafra mae'n debyg. Dwi'n benderfynol o gael mynd i Kenya cyn diwedd y ddwy flynedd i weld anifeiliaid yn byw yn gwbwl rydd. Dydi'r rhain ddim yn diodde, ond mae 'na homar o ffens anferthol yn eu cadw o fewn ffiniau y *Reserve*.

Coblyn o ddisgo da heno, ond es i'n nerfus i gyd pan geisiodd Kevin glosio gormod ata' i. Dwi'm cweit yn barod. Beryg ei fod O yn dal i lechu yn y cefndir wedi'r cwbwl. Cicio fy hun? Dwi'n gleisiau byw.

Ionawr 3, 1985

Ceisio gwneud ein ffordd adre yn ara bach. Roedd ffarwelio efo Kevin yn anodd, ond mae o wedi deud y byddai'n hoffi dod i weld Gbara ryw ben. Yr unig broblem ydi ei fod o'n byw dair talaith i ffwrdd, hyd yn oed tasa fo'n cael lifft yr holl ffordd, mi fyddai'n cymryd tridiau i gyrraedd a thridiau i ddod 'nôl. Stori fy mywyd.

Mae Katie a Nick wedi cychwyn adre ers deuddydd, a dwi'n teithio efo Don, Maeve a Caroline. Roedd 'na archfarchnad anferthol yn Bauchi – wel, anferthol o'i chymharu â siopau Gbara; roedd hi'n debycach i faint siop Spar adre – yn gwerthu caws Edam a gwin coch, felly mi benderfynon ni sblashio allan – roedden nhw'n costio ffortiwn – a'u sglaffio ar ochr y ffordd. Aeth y gwin i 'mhen i'n syth, ac mi gwympais i gysgu yn y gwair am awren go dda.

Aros yng nghartre Caroline heno, lle dwi wedi cael fy nysgu pa mor fendigedig ydi siwgr a llaeth wedi'i efaporêtio! Mae petha bychain mor bwysig fan hyn. Wna' i byth gymryd y ffaith fod bwyd adre mor amrywiol yn ganiataol eto.

Dwi ddim yn teimlo'n gant y cant heddiw. Rhyw bendro od. Y gwin mae'n siŵr.

Ionawr 10

Newydd fod yn yr ysgol yn disgwyl ailgychwyn ar y dysgu, ond dim ond deunaw o blant oedd yno. Dwi'm yn cwyno. Dwi dal yn od ar ôl cael malaria. Ro'n i'n teimlo'n sâl yn gadael Yankari, yn waeth yn Jos, uffernol yn Kaduna ac mi lewygais yn Bida.

Ro'n i i fod i fynd i ddringo yn Bauchi efo'r lleill, ond am 'mod i'n teimlo'n giami, mi benderfynais gychwyn am adre ar fy mhen fy hun. Bodio fues i, a ge's i lifft i Kaduna yn y diwedd, ond roedd hi'n dywyll a do'n i ddim yn gallu dod o hyd i'r hostel CUSO sydd yno. Gwelais i arwydd clwb rygbi Kaduna a cherdded i mewn i ganol stafell o ddynion, a gofyn mewn llais bach a allai rhywun ddeud wrtha' i lle'r oedd yr hostel. A dyma'r llais 'ma'n deud: *'You're ill. I'm an ex VSO. You can stay with me.'* Ro'n i'n oer, oer erbyn hyn ac yn crynu i gyd, ac erbyn i ni gyrraedd ei dŷ o a chyfarfod ei wraig a'r plant, ro'n i'n chwysu fel mochyn efo tymheredd uchel. Ge's i bowlenaid o gawl a phanadols gan y ddynes a'm hel i'r gwely. Roedd fy mhen i'n sgrechian drwy'r nos, ac erbyn y bore, roedd y gwely yn socien efo chwys. Roedden nhw am i mi aros, ond roedd yn well gen i drio cyrraedd Bida, felly ymlaen â fi am ddiwrnod arall yn bodio a chael tacsis am yn ail. Merched yn sbio'n garedig arna' i am 'mod i'n amlwg mor sâl, yn cynnig diod i mi pan o'n i'n crynu yng nghefn y tacsi. Ro'n i'n pwyso yn erbyn coeden yn trio bodio pan deimlais i 'mod i'n mynd i lewygu. Allai fy nghoesau i ddim dal. Ro'n i'n llithro i lawr y bonyn yn araf, y dagrau yn llifo, petha gwirion yn llifo drwy fy meddwl: 'Dwi'n mynd i farw fan hyn, ynghanol nunlle, a does neb yn gwybod lle'r ydw i, a fydd neb yn gwybod be ddigwyddodd i mi.' Daeth car gwyn anferth heibio a stopio: offeiriad ar ei ffordd i gynhadledd yn Ilorin, ac yn mynd heibio Bida ac yn nabod y chwiorydd yn iawn. Aeth â fi yno, ac fel ro'n i'n cerdded i mewn i'w stafell fyw, mi lewygais yn glep ar y llawr. Mi fues i'n sâl am ddyddiau a'r chwiorydd yn edrych ar fy ôl, yn stwffio llwythi o dabledi i mi, a dwi'n meddwl i mi gael pigiad o rywbeth pan ddaeth y doctor. Pan o'n i'n teimlo'n ddigon cryf, mi fentrais yn ôl i Gbara, yn teimlo fel maraca efo'r holl dabledi ynof fi.

Mae Katie yn dioddef hefyd, efo rash poenus y tu ôl i'w phengliniau a rash hyll ofnadwy o gwmpas ei hwyneb a'i gwar.

Dydi hi ddim yn edrych yn dda o gwbwl ac mae hi'n ofnadwy o bifish.

Roedd 'na haid o lygod wedi bod yn rhedeg reiat yma tra fuon ni i ffwrdd, gydag ôl eu traed yn glir dros bob dim yn y llwch. Maen nhw hyd yn oed wedi bod yn gwneud eu busnes yn fy nrorsus i! Mae'r tanc dŵr yn wag hefyd, a finna efo cymaint o ddillad budron i'w golchi. Does gen i mo'r egni i'w cario at yr afon. Dwi'n dal yn sigledig.

Ionawr 14

Mae'r amserlen wedi cael ei newid am y pedwerydd tro mewn wythnos, ond o leia mae gen i ddeunaw gwers rŵan yn lle'r ddeuddeg bathetig oedd gen i yn wreiddiol. Mae 'na ddeg athro wedi gadael a neb wedi dod i gymryd eu lle, felly mae pawb arall yn cael mwy o wersi, ac o'r diwedd, dwi'n cael dysgu dosbarth un! Maen nhw'n gariadon bach, efo llygaid anferthol a gwenau mwy, yn rhyfeddol o ofnus a swil ar y dechra, ond bellach yn rhedeg i 'nghyfarfod i bob tro, yn chwerthin a chlwcian. Does gan eu hanner nhw 'run llyfr na beiro ond maen nhw'n cofio yn eitha da o un wers i'r llall.

Mae eu dosbarthiadau nhw ym mhen arall y pentre, yn yr ysgol gynradd, sydd ddim cweit mor fodern â'r ysgol uwchradd. Boncyn dan goeden mango ydi'r stafell athrawon. Mae 'na dipyn o dyfiant o gwmpas yr adeilad hefyd, a phan o'n i ar ganol gwers ddoe, gwaeddodd un hogyn bach '*Snake Miss!*' Roedd 'na neidr oren a brown yn araf wau ei ffordd drwy'r drws ata' i. Dwi erioed wedi symud mor gyflym yn fy myw. Ro'n i ar ben y ffenest bella mewn chwinciad a 'nghalon yn pwmpio, was bach. Ond rhedeg allan wnaeth criw o'r hogia a dod 'nôl efo cerrig a phledu'r creadur druan nes roedd o'n rhacs ac yn gelain. Wedyn edrychodd pawb arna' i'n crynu yn y gornel a chwerthin llond eu boliau. Beryg 'mod i'n gachgi!

Mae hi gymaint poethach yma nag oedd hi yn Yankari. Mae Katie a finna yn chwys diferol drwy'r dydd, bob dydd, ac yn teimlo'n wirioneddol annifyr. Mae bod yn ôl yn gymaint o sioc ar ôl bwrlwm y Nadolig a'r flwyddyn newydd.

Roedden ni'n methu wynebu penwythnos yn Gbara, felly aethon ni i Bida nos Wener ac aros efo'r chwiorydd. Ro'n i'n teimlo braidd yn ddigywilydd, ond does ganddon ni fawr o ddewis a deud y gwir. Dwi am ofyn i Dad ddod ag anrheg iddyn nhw. Roedd 'na lwythi o betha i ni yn swyddfa'r post, gan gynnwys bocs o *Jelly Babies* yn bresant Dolig gan Olwen a Roy! Mi wnes i eu rhannu, ond roedd o'n brifo. Roedd pob babi mor fendigedig ac yn para deg munud.

Ymlaen i Minna, lle'r oedd system bost Biwaters wedi dod â pharsel Santa Clôs yr un i ni. Roedd Mam wedi meddwl am bob dim: ge's i gasét Tina Turner a'r Eagles, pâr o sana, nutmeg, Bovril, conditioner gwallt a bocs o PG Tips! Grêt! Dwi wedi laru ar flas te gwyrdd.

Ar y ffordd 'nôl yma ddoe, aethon ni heibio Dietmar, oedd isio cael gwared â rhai o'i gathod bach. A ninna efo cymaint o lygod? Doedd dim rhaid iddo fo ofyn. Gawson ni hwyl garw yn trio rhoi dwy gath wyllt mewn sach, ac roedd eu cario nhw yn broses a hanner. Maen nhw yn llofft Katie rŵan. Mae hi wedi gwirioni efo nhw.

Mae 'nghlust i'n brifo bron yn ddi-baid rŵan.

Wedi dechrau *The Marquis de Sade* gan Simone de Beauvoir. Difyr tu hwnt.

Ionawr 15

Gawson ni gyfarfod staff heddiw. Etholwyd Martin yn ddirprwy brifathro a dwi bellach yn ysgrifennydd staff. Mae Katie yng ngofal y clybiau siarad cyhoeddus ac adnabod adar, a dwi yng ngofal y clybiau arlunio a drama. Dwi'n edrych ymlaen yn arw!

Mae'n debyg fod prisiau stampiau wedi codi o 30 kobo i un naira, sef yr un pris â digon o *kerosene* i bara mis. Ac i feddwl bod pobol adre yn cwyno os ydi pris stamp yn codi ceiniog. Bydd raid i mi sgwennu llai o lythyrau rŵan.

Ionawr 16

Dwi'n dair ar hugain heddiw. Ro'n i wedi atgoffa Katie ddoe, ond mi nath hi anghofio beth bynnag. Darn o bapur newydd efo llun Richard Burton arno fo oedd fy ngherdyn pen-blwydd. Mi driodd wneud cacenni cri fel cacen pen-blwydd a'u llosgi nhw'n ulw, tra oedd y tu mewn fel pwdin. Fedar y greadures ddim coginio am bensiwn, ac mae'n dechra digalonni. Dwi wedi gwneud fy ngorau glas i'w dysgu hi, ond mae unrhyw beth mae hi'n ei gyffwrdd yn methu, ar wahân i basta. Chawson ni ddim post heddiw chwaith, felly dyna'r cwbl ge's i. Ydw, dwi'n teimlo'n reit big am y peth, ond ge's i ddiwrnod da o ddysgu i wneud iawn amdano fo. Roedd pob dosbarth mewn hwylie da heddiw, a dosbarth un yn fendigedig.

Mae Martin, Katie a finna wedi trefnu cael parti y penwythnos ar ôl nesa, felly hwnnw fydd fy mhen-blwydd i. Rydan ni wedi archebu llwyth o gwrw ac am drefnu canŵs ac ati ar gyfer mynd â phawb am saffari i lawr yr afon. Gobeithio y daw pawb.

Mi orffennais i'r *Marquis de Sade* heno. Roedd y darnau piws braidd yn undonog erbyn y diwedd. Wedi dechrau *America* Kafka rŵan. Dwi wedi colli cownt ar faint o lyfrau dwi wedi eu darllen ers bod yma; dwi'n mynd drwyddyn nhw fel pys. Mi faswn i wedi drysu hebddyn nhw, mae hynny'n sicr, a dwi mor falch bod gan Frankie system lyfrgell. Mae ganddo fo goblyn o stoc dda, a dwi'n awchu am fynd drwyddyn nhw bob tro fyddwn ni'n galw heibio.

Mae'r *Top 20* ar y *World Service* fel dwi'n sgwennu hwn. Mae o'n gwneud i mi deimlo mor bell o gartre. Cafodd Katie a finna sesiwn hirfaith o hiraethu heno: bara Ffrengig a phaté . . . cacen ffrwythau soeglyd . . . eira oer, ffres . . . barrug ar y caeau ben bore . . . llond gwydraid o laeth go iawn yn syth o'r rhewgell . . . ein cariadon – sori, naci, ein cyn-gariadon . . . Wedyn mi fuon ni'n rhannu ein breuddwydion a phrofiadau plentyndod a dod i nabod ein gilydd gymaint gwell. Dwi'n dechra licio'r hogan go iawn, yn enwedig wedi iddi gyfaddef ei bod hi'n goblyn o od!

Ionawr 18
Es i i Bida ar ôl ysgol i nôl fy nghyflog, a gorfod arwyddo y siec hanner dwsin o weithie cyn cael y pres. Es i i swyddfa'r post hefyd, twr o lythyrau a'i un O yn eu canol nhw. Roedd o wedi defnyddio beiro goch. Mi agorais i o yn y fan a'r lle, o flaen y dyn wrth y cownter. Pan orffennais i ei ddarllen, codais fy mhen i weld y dyn yn sbio'n ddwys arna' i. 'So sorry,' medda fo. Ro'n i'n amau mai'r dagrau oedd yn cronni oedd y cliw, ond erbyn dallt, mae llythyr mewn beiro goch fan hyn yn golygu fod 'na rywun wedi marw. Wel, roedd o'n iawn mewn ffordd. Dyna ni 'ta, mae popeth drosodd.

Es i i'r farchnad wedyn, ond che's i fawr o hwyl arni ac anghofio y nionod roedd Katie wedi gofyn amdanyn nhw.

Roedd Ndatsu a ffrind arall o ddosbarth 3A wedi dod i Dancitagi i'n helpu efo'r bagiau at yr afon, a gawson ni goblyn o hwyl. Ro'n i angen cwmni.

Gwrando ar dâp o Dad yn canu heno, a chodi hiraeth ofnadwy fel arfer. Ydw i wir yn mynd i allu ei sticio hi yma am ddwy flynedd?

Ionawr 20 – Dydd Sul
Dwi wedi cael y tŷ i mi fy hun drwy'r dydd! Am saith bore 'ma, aeth y prifathro â Katie i'r ysbyty yn Bida yn ei gar i gael trin y llygad 'na. Mae hi am aros efo'r chwiorydd heno, felly mi fues i'n trio cuddio drwy'r dydd er mwyn cael llonydd go iawn, ond daeth Seyi draw i sbwylio petha. Wnes i ddim siarad llawer efo fo ac mi gafodd y neges yn y diwedd. Mi darodd o fi wedyn 'mod i'n ei drin o yn union fel mae rhywun arall wedi bod yn fy nhrin i. Pwy ddeudodd fod bywyd yn deg?

Mi dreuliais i'r pnawn yn trio gwnïo top newydd i mi fy hun, a gwneud smonach llwyr o betha. Pam na wnes i ganolbwyntio mwy ar wersi gwnïo yn yr ysgol? Beryg mai cadach llawr fydd hwn yn y diwedd.

Mae'r sefyllfa niceri yn wirioneddol argyfyngus rŵan. Wedi gorfod mabwysiadu arfer brodorol arall, sef gwisgo pais o dan fy *wrapper* a dim byd arall. Ac mae'n deimlad rhyfeddol o braf.

Ionawr 21
Daeth Katie yn ôl amser cinio, wedi cael tabledi gwrthfiotig a choblyn o amser da efo'r chwiorydd.

Ro'n i'n cysgu'n sownd bore 'ma, nes i geiliog newydd y prifathro fy neffro i a hithe prin yn olau. Ond mi godais i beth bynnag i gael gwneud y gorau o baratoi brecwast *i mi fy hun* a siarad efo'r cathod ac ymollwng yn llwyr yn y lle chwech.

Dwi wedi gorffen y top, gyda chymorth chydig o *patchwork* munud ola'. Mi neith y tro yn iawn, ond dydw i ddim yn siŵr am y lliw – pinc llachar.

Mae 'na lwyth o blant newydd wedi cyrraedd dosbarth un, a phob un yn ferch. Dwi wrth fy modd! Maen nhw'n rhy swil i agor eu cegau ar hyn o bryd, ond mi ddôn nhw. Does ganddyn nhw ddim gwisg ysgol, felly mae eu *wrappers* amryliw yn edrych yn wych yn y dosbarth ynghanol y môr o grysau gwynion.

Ge's i wers ddifyr iawn efo 3A, sôn am Ramadan ac ati, a nhwtha'n deud wrtha' i be'n union sy'n digwydd ar wahân i beidio bwyta yn ystod y dydd am fis cyfan: *'You must not touch breasts, Miss, or it sends you up!'*

Ionawr 24

Ffys fawr yn y gwasanaeth bore 'ma. Mae'n debyg fod un o'r hogia hynaf wedi bod yn cadw merch yn ei stafell ers deuddydd. Y gosb oedd cael ei wahardd am bythefnos a deuddeg lash efo'r chwip waethaf. Wnes i ddim aros i wylio'r chwipio.

Gyrru rhestr o bethe i Dad ddod â nhw draw i Lagos. Braidd yn hir, ond dyna fo, ddaw o byth â'r cwbwl, dwi jest yn rhoi dewis iddyn nhw!

> Niceri!
> Superglue
> Saws caws
> Raisins
> Unrhyw beth i gadw pryfed draw
> Anthisan – tunelli ohono fo
> Afal – un Cox's caled, sy'n crensian
> Nofelau Cymraeg
> Dillad newydd
> Pupur du
> Tomato purée
> Sbectol haul
> Batris mawr
> Anne French
> Sunsur
> Llyfrau darllen ar gyfer y plant
> Cylchgronau fel *Cosmopolitan*
> Mwy o afalau
> Ffilmiau ar gyfer y camera

Mae rhieni Katie yn cael rhestr ganddi hithe.

Llwyth o lythyrau heddiw, a chopi o'r *Cambrian News* gan Mam.

Ar ôl darllen y llythyrau i gyd, a phawb yn cwyno nad oedd 'na ddim byd diddorol yn digwydd adre, ac yna darllen y papur o glawr i glawr a darllen am yr holl betha ych-a-pych sy'n digwydd acw bob dydd, dwi'n falch 'mod i yma wedi'r cwbwl. Ac mi ddeudodd Maeve y byddwn i'n siŵr o deimlo'n isel a hiraethus am wythnosau ar ôl cael malaria. Sylweddoli 'mod i'n teimlo yn llawer gwell ers tro.

Ionawr 29
Gawson ni barti hollol briliant! Roedd Martin, Katie a finna i fod i rannu'r gost rhyngon ni, felly penderfynwyd gwneud sioe go iawn ohoni ac archebu llwyth o gwrw a gwin palmwydd, ac mi aeth Katie a finna yr holl ffordd i Bida i siopa a stryffaglu yn ôl efo bagiau plastig oedd yn torri bob munud dan bwysau yr yams, y nionod a'r ffrwythau. Wedyn, mi glywson ni fod Martin yn sâl ac wedi gorfod mynd at ei chwaer mewn pentre arall i wella. Ond roedd o eisoes wedi ein sicrhau ei fod o wedi archebu *generator*.

Mi drefnais i fod un o'r athrawon eraill yn dod efo fi fel cyfieithydd er mwyn archebu llwyth o bysgod erbyn y pnawn a threfnu dwy ganŵ i fynd â ni i lawr yr afon. Mi fu Katie a finna yn glanhau a sgwrio a benthyg cadeiriau a llestri y prifathro ac mi wnes i gacenni cri (wel, petha digon tebyg) ac mi lanwodd y plant y tanc dŵr i'r ymylon. O'r diwedd, dyma ni'n eistedd lawr efo panad i ddisgwyl yr holl bobol oedd wedi addo dod. Rai oriau yn ddiweddarach, a hithe'n dywyll a dim golwg o neb a'r bwyd yn dechra cyrlio, mi benderfynon ni feddwi, jest y ddwy ohonon ni. Ond ar ganol yr ail botel, dyma David Reffel yn disgyn drwy'r drws fel rhywbeth o waelod bin lludw, yn hanner marw ac yn fwd drosto. Allai o ddim credu y fath siwrne. *'You do this regularly?'* Roedden ni mor falch o'i weld o, yn enwedig pan dynnodd becyn o de Earl Grey o'i fag.

Y bore wedyn, wedi iddo fo gael ei fwyta'n fyw gan y mosgitos, aethon ni am dro i'r pentre i brynu bananas a chael ein tywys gan hen wreigan i ran cwbwl newydd o'r pentre, darn na wyddwn i am ei fodolaeth, oedd yn fendigedig ac wedi ei addurno â phlatiau lliwgar oedd wedi eu gosod yn y waliau mwd. Ro'n i wedi dod â 'nghamera efo fi, ac mi ge's i fodd i fyw yn tynnu lluniau fel ffŵl.

Ar ôl cinio, mi ddaeth y chwiorydd Mary a Cleophas draw yn y car efo llwyth o'r cwrw roeddan ni wedi ei archebu. Wedyn mi ddaeth 'na Landrover mawr glas efo dau foi lyfli o wersyll Biwaters yn Ilorin, Adrian o Loegr a Terry o Awstralia. Mae Terry yn bishyn a hanner, yn dal efo gwallt melyn-frown a llygaid mawr brown a gwên sy'n gwneud i 'mhengliniau i wegian. Roedden nhw wedi dod â *coolbox* yn llawn o ddiodydd oer a chaws! Wedyn, cyrhaeddodd llwyth o VSOs chwys diferol, felly i lawr â ni at yr afon i nofio (heb ddangos gormod o gnawd noeth) a chwarae yn y canŵs. Roedd y plant bach wedi gwirioni, doedden nhw erioed wedi gweld cymaint o bobol wyn i gyd efo'i gilydd! Aethon ni am dro yn y canŵs a gweld adar bendigedig – egrets gwyn ac eryr pysgod anferthol du a gwyn. Ac am y tro cynta, mi welais i ddyn yn pysgota o galabash. Powlen fawr ydi calabash, ac mi roedd y dyn 'ma wedi ei gosod hi'n y dŵr fel madarchen fawr felen, ac yn gorwedd drosti ar ei fol, ac yn troelli fel tasa fo ar *waltzer* mewn ffair, gyda'i rwyd yn y dŵr o'i flaen. Dyma ni'n glanio toc a mynd am dro i ganol y tyfiant cnotiog, byseddog, gwyrdd lle'r oedd 'na ddyn yn sefyll ar dop coeden balmwydd. Tapio'r goeden am win oedd o, ac mi gawson ni i gyd lond gwlad ohono, yn ffres a bendigedig. Roedd 'na betha tebyg i *loofahs* yn tyfu ar hyd y lle hefyd, felly mi gasglon ni rai ohonyn nhw er mwyn gweld os fydden nhw'n dda i rywbeth yn y bàth.

Roedd pawb wedi gwirioni'n lân efo Gbara. Roedd y parti yn llwyddiant, er na welson ni byth mo'r pysgod, mae'n rhaid nad oedd yr athro wedi cyfieithu gystal â hynny wedi'r cwbwl. Mi gyrhaeddodd Martin efo'i *generator* a'i stwff disgo ac mi fuon ni i gyd yn cael gwersi dawnsio gan bobol fel Yunusa a Baba, sy'n gallu symud, was bach!

Erbyn pedwar y bore, roedd y rhan fwya wedi mynd adre a ninna'n cysgu ar ein traed, ond roedd Martin a dau o'i ffrindia yn dal i'w morio hi ac yn chwarae reggae yn fyddarol o uchel bellach, gan fod y nobyn sain yn cael ei godi gyda phob potel ffres. Mi ofynnon ni yn neis iddyn nhw, tybed fydden nhw'n fodlon rhoi taw ar betha gan mai dim ond nhw eu tri oedd ar ôl a dwsinau o bobol yn trio cysgu mewn gwahanol gorneli o'r tŷ. Ond doedd Martin ddim yn fodlon – roedd o'n bendant isio cario 'mlaen. Felly mi gollodd Katie ei thymer a deud petha oedd yn gwneud i bawb wingo. Dydi Martin ddim yn hogyn swil ac mi gegodd yntau'n ôl fel diawl. Mi fues i a David Reffel yn gwneud ein gorau i dawelu petha, ond roedd Katie ar ei mwyaf snobyddlyd ac imperialaidd a Martin ar ei fwyaf sensitif. Ro'n i bron â chymeradwyo pan alwodd o hi yn *'silly, racist, ugly girl.'* Ei bwynt o oedd fod pobol wyn wastad yn trio deud wrth bobol dduon be i'w wneud, ac roedd o yn llygad ei le wrth gwrs. Mi adawon nhw wedyn, ac yn anffodus, roedd o'n gadael y bore hwnnw am ei swydd newydd, felly chawson ni ddim cyfle i setlo petha yn sobor. Ro'n i mor flin; mae Martin yn ddyn hyfryd ac wedi bod yn ffrind da i ni. Doedd neb am i'r cyfeillgarwch ddod i ben fel yna. Ond fo gafodd y gair ola'. Mi ddiflannodd heb dalu ei siâr o'r costau, gan adael Katie a finna efo coblyn o fil. O wel! Roedd y penwythnos yn werth bob ceiniog, ac mae Katie a finna yn dallt ein gilydd gymaint gwell rŵan.

Mae hi'n mynd yn boethach o hyd. Dwi'n drewi ar y funud, ac yn yfed cymaint o ddŵr, prin y gall y ffilter ddygymod â fy syched i. Mae 'na gwrw ar ôl ers y parti hefyd, a 'dan ni'n trio mynd drwyddo fo'n reit handi. Daeth rhai o'r athrawon draw i'n helpu ni pnawn ddoe, gan gynnwys Gboya y Corff. Gawson ni bnawn reit ddifyr yn malu awyr a mwydro, nes iddyn nhw sylwi ar y tomatos yn yr ardd a phigo'r rhai coch i gyd – bob un wan jac ! Dyna oedd ein swper ni i fod. Ond dyna eu ffordd nhw mae'n debyg. Roedden nhw'n sbio'n wirion arnon ni pan ddechreuon ni gwyno. Mae 'na rai petha mor anodd dod i arfer efo nhw.

Ionawr 31
Dwi wedi gwirioni efo'r merched yn dosbarth un. Dim ond Gogo – coblyn o gês efo wyneb ofnadwy o ddrwg – sydd â'r hyder i siarad ar ei phen ei hun hyd yma, ond mae 'na un o'r enw Fatima sy'n amlwg yn dysgu'n gyflym o ran ysgrifennu. Mae ganddi wallt coch, a chroen goleuach na'r lleill, ac mae'n f'atgoffa i o Anne of Green Gables. Mi ddaeth criw ohonyn nhw draw i'r tŷ pnawn 'ma a threulio oes yn plethu fy ngwallt i, cyffwrdd fy nghroen i ac ati. Roedden nhw'n gwirioni efo bob dim oedd yn y tŷ, ac yn syllu ar y posteri am oes. Mordillo oedd yn plesio fwya!

Dwi wedi dechra sgwennu rhywbeth ar gyfer Steddfod yr Urdd. Dwi'n gwybod mai 'Llythyron rhwng Tri' ydi testun y Goron eleni, a chan 'mod i'n dipyn o giamstar ar sgwennu llythyrau erbyn hyn, dwi am roi cynnig arni. Dwi wedi cael syniad, ac ella y bydd o'n sgrwtsh llwyr, ond dwi angen rhywbeth newydd i ganolbwyntio arno fo, a dwi isio i bobol wybod am Nigeria. Mi fydd o'n wahanol i'r stwff Urddaidd arferol o leia!

Chwefror 3 – Nos Sul

Penwythnos digon tawel. Mi fues i'n ôl a 'mlaen fel io-io o'r ysgol gynradd i'r ysgol uwchradd o un wers i'r llall nes ro'n i fel brechdan. Doedd gen i ddim llwchyn o awydd mynd i Bida, ond pan gynigiodd Santali yr athro newydd a Gboya y Corff lifft i ni mewn car, mi newidiais fy meddwl. Mae Santali yn gadael ei gar yr ochr arall i'r afon, gan fod dod yr holl ffordd drwy Sakpe mor bell, a'r pyllau rhwng fa'ma a Dancitagi wedi sychu'n grimp ers talwm, felly roedden ni'n gorfod cerdded at yr afon yn gynta. Eglurodd Gboya ein bod ni i gyd wedi ein gwahodd i seremoni enwi babi mewn *compound* ar y ffordd i'r afon, felly i mewn â ni. Roedd y gwin palmwydd yn llifo, ac mi fynnodd y tad ein bod ni'n cael chydig o gig hefyd. Che's i fawr o gig, dim ond llond ceg o fraster ac asgwrn. Does gen i ddim clem pa anifail oedd o. Mi fuon ni'n dawnsio am dipyn a phan adawon ni – ar ôl rhoi cnau kola yn anrhegion – ro'n i'n hollol benysgafn ac wedi anghofio be oedd enw'r babi yn y diwedd. Ge's i eistedd wrth ymyl Gboya yn y car. Does 'na'm owns o fraster arno fo, dim ond cyhyrau i'w teimlo'n gadarn yn erbyn fy nghoes i.

Tipyn o gronc ydi car Santali. Mi fu'n rhaid i ni ei wthio fo hanner y ffordd. Mae'r teiars yn hollol foel, fel y rhan fwya o geir yn Bida; maen nhw mor ofnadwy o ddrud i'w prynu. Dwi'n cofio gweld dyn yn dod â dwy ar yr awyren yn Llundain fel *hand luggage*. A phan fyddan nhw'n trwsio *inner tubes,* maen nhw'n eu gwnïo!

Brysio i'r farchnad a gweld pobol Tuareg yno. Maen nhw'n dal a gosgeiddig ac yn gwisgo tyrbans gwyn. Mae'n debyg fod 'na brinder bwyd yn Mali ar hyn o bryd, ac mae 'na filoedd o Tuaregs wedi dod lawr i Nigeria ar eu camelod. Mi ofynnais i un boi a gawn i gymryd ei lun o. 'Cei,' medda fo, 'os ga' i ddeg naira.' Ge's i ffit biws. Mi sbiodd ar fy nillad i wedyn, a'r llwch ar fy sgidiau a sylweddoli nad o'n i'n Nsara cefnog. Mi setlodd am un naira yn lle. Dwi'm yn licio bod yn berson gwyn twristaidd yn talu am dynnu llun y brodorion, ond chwarae teg, roedd ganddo fo fwy o angen naira na fi. Ond doedd o'm yn cael deg, dim ffiars o beryg.

Aethon ni heibio ein cyfaill wrth y stondin Bournvita wedyn, ac mi wnaeth omlet yr un i ni am bris call a dau mango fel 'dash'. Mae'r rhan fwya o betha yma yn cynnwys 'dash', sef cildwrn o ryw fath – boed bres, bwyd, sigaréts neu ffafr. Mae'n ffordd o fyw yma. Rydan ni wedi bod yn gwrthod 'dashio' o'r cychwyn cynta, ond mae hwn yn ddyn da, a dim ond tynnu coes oedd o pan ofynnodd o am 'dash'. Mi chwarddodd lond y lle pan roeson ni'r mangos iddo fo.

Pan gyrhaeddon ni Gbara fore Sadwrn, es i'n syth i 'ngwely a chysgu am oriau. Dwi'n dechra dallt pam mae pawb yn cael siesta yn ddyddiol. Dydi hi'n rhy boeth o'r hanner i wneud dim arall ganol dydd?

Drama dda ar *Play of the Week* ar y *World Service*. Roedd hi mor braf cael fy niddanu mewn ffordd wahanol. Rhaid i mi gofio gwneud pwynt o wrando bob nos Sadwrn rŵan.

Mi lwyddais i aros yn fy ngwely tan wyth bore 'ma, nes i sŵn sosbenni a sgrechian gwragedd y prifathro fy neffro ar ganol breuddwyd hyfryd am nofio mewn pwll nofio oer a phâst danneddaidd o lân. Maen nhw'n ffraeo yn ofnadwy y dyddie yma.

Ge's i'r awydd i weithio o ddifri ar y 'Llythyron rhwng Tri', ac mi fues i wrthi drwy'r dydd. Mae'n dechra siapio dwi'n meddwl.

Mae'r ail stôf yn wirioneddol beryg y dyddie yma. Mae'n tueddu i ffrwydro yn dy wyneb di wrth ei danio. Dwi'n lwcus bod fy aeliau dal gen i.

Diwrnod hir, diog, diheulwen, dim ond niwl ysgafn dros y wlad.

Chwefror 6

Ar ôl sylweddoli bod 'na o leia deg o blant dosbarth un yn methu darllen, dwi wedi gorfod rhannu'r dosbarth yn dri ar gyfer bob gwers a rhoi gwaith ysgrifenedig i'r llond llaw sy'n wirioneddol alluog, rywbeth haws i'r grŵp canol sy'n gallu ryw lun o ddarllen, tra dwi'n mynd dros betha fel 'sa', 'ba' a 'ta' efo'r criw bach yma. Maen nhw'n dod yn ara bach ac mae'r sglein yn eu llygaid nhw pan fyddan nhw'n sylweddoli hynny yn cnesu'r galon yn y modd mwya dymunol. Mae gofalu bod pawb yn cael rhywbeth allan o bob gwers yn hanner fy lladd i, ond alla' i ddim cwyno, mae Katie yn gorfod brwydro efo *Romeo and Juliet* gyda dosbarth 4, ac mae eu tri chwarter nhw yn cael trafferth darllen Saesneg elfennol, heb sôn am Shakespeare. Ond mae hi'n deud eu bod nhw wrth eu boddau efo'r stori, yn enwedig y busnes am ddau deulu (neu ddau lwyth, wrth gwrs) yn ffraeo ers blynyddoedd. Mae petha tebyg iawn yn digwydd fan hyn o hyd, a phobol wedi cael eu lladd yn y gorffennol.

Dydi petha ddim cystal efo 3C. Dwi wedi bod yn dysgu *reported speech* iddyn nhw ers dyddiau (rhan hanfodol o arholiad y WAEB) a dim ond un basiodd y prawf rois i iddyn nhw. Ro'n i'n wyllt, ac i wneud petha'n waeth, mae Katie yn deud bod ei chriw hi wedi dallt yn syth. Ro'n i'n amau bod y criw yma wedi cael eu setio. Be sy' mor blydi anodd am newid: ' *"I am hot," said Musa'* i *'Musa said he was hot'?*

Mi fues i'n sgwennu'r llythyrau 'na tan hanner nos. Mae 'na rywbeth mor braf am sgwennu yng ngolau *bush lamp,* rhywbeth rhamantus a hynod breifat.

Mae Seyi Pry Clust o gwmpas unwaith eto. Rargol, mae o'n mynd ar fy nerfa i.

Chwefror 10 – Nos Sul

Aethon ni i Bida ar ôl ysgol dydd Gwener, gan fod fy mhapur sgwennu i wedi *done quench* a'r bwyd yn brin ofnadwy, a dim ond bara a bananas sydd ar gael yn Gbara y dyddie yma. Pwy oedd yn y *Cool Spot* ond Don a Maeve. Fe lwyddon ni i'w perswadio nhw i ddod efo ni i Gbara, gan nad ydi'r un o'r ddau wedi ei mentro hi yma o'r blaen, ond bobol, roedden nhw'n cwyno wrth gerdded o Dancitagi. Roedd Don yn methu dallt pam roedd VSO yn gyrru rhywun i le mor anghysbell, ond rydan ni wedi hen arfer efo'r holl gerdded bellach, a bron wedi meistroli cario petha ar ein pennau. Dydi hi ddim yn daith mor chwyslyd wedyn.

Gawson ni noson dda nos Wener, yn yfed dan y goeden dail fflamgoch a gwylio'r plant yn dawnsio, ond mi fynnodd Don fynd adre yn syth ar ôl brecwast. Roedd o wedi cael llythyr od gan rywun, ac yn amlwg wedi bod yn meddwl am y peth drwy'r nos. Aeth Maeve ar ei ôl o i weld be oedd yn bod, a welson ni mohonyn nhw wedyn. Roedden ni'n cymryd eu bod nhw wedi cael lifft i

Sakpe gan yr Alhaji, ond na, daeth Maeve yn ei hôl toc – roedd y ddau wedi bod yn yfed yn y pentre! Roedd Don yn chwil gaib! Drwy ryw wyrth, daeth fan heibio ymhen ychydig oriau a rhoi lifft iddyn nhw i Sakpe, gan adael Katie a finna yn y niwl yn llwyr.

Fel roedden ni'n cychwyn yn ôl am y tŷ, daeth 'na ddyn ata' i a rhoi naira a dau bysgodyn wedi'u sychu i mi. Ro'n i'n sefyll yno'n sbio'n wirion arno fo, methu dallt be i'w wneud o hyn, ond wrth lwc, roedd Mr James wrth ymyl ac mi eglurodd o pwy oedd o. *'He is Fatima's father, and he is thanking you for teaching his child.'* Waw. Dwi wedi gwirioni. Jest i mi ei gofleidio fo.

Daeth Umaru draw i ddangos i ni sut i wneud stiw efo'r pysgod, ond roedd o'n afiach. O wel, nid dyna'r pwynt, naci?

Sgwennu mwy o'r llythyrau, a chywiro a newid ac ailwampio fues i drwy'r dydd heddiw, a dim ond stopio i wneud swper. Roedd gynnon ni wyau yn y cwpwrdd, felly dyma benderfynu gwneud omlet, ond pan agorais i'r cwpwrdd, roedd 'na ogla od iawn yno. Mi agorais y peth plastig dal wyau, ac roedden nhw'n edrych yn iawn. Mi afaelais yn un ohonyn nhw ac mi chwalodd hanner ucha'r plisgyn yn fy mysedd a bu bron i mi chwydu. Roedd y drewdod yn anhygoel, dwi rioed wedi ogleuo rhywbeth mor gry' a gwirioneddol afiach, ond roedd cynnwys yr ŵy yn waeth byth: roedd o'n corddi efo cynrhon mawr gwyn, ugeiniau ohonyn nhw yn clymu yn ei gilydd ac yn disgyn dros ochr y plisgyn fel *sherbert fountain* diddiwedd. Rhedodd Katie i'w llofft yn sgrechian a 'ngadael i i gael gwared â nhw. Dydw i ddim yn berson *squeamish* fel arfer, ond ro'n i'n teimlo'n sâl drwy'r nos, a doedd yr un ohonon ni'n gallu wynebu swper. Dwi ddim yn meddwl y galla' i wynebu omlet am hir chwaith. Ych, mae 'nghroen i'n dal i deimlo fel tasa 'na rywbeth yn cropian drosta' i.

Chwefror 12

Gwyrth! Mi ge's i'r syniad yn fy mhen y gallwn i wneud *cremé caramel,* a myn diaen, mi weithiodd. Roedd o'n wirioneddol fendigedig, gystal ag unrhyw dŷ bwyta crand ym Mharis. O leia rydan ni wedi dod dros ein hofn o wyau.

Mi benderfynais i fod hanner clyfra dosbarth un yn barod i ddechra sgwennu go iawn heddiw, felly mi sgwennais i amlinelliad o baragraff yn disgrifio *'Myself'* ar y bwrdd du. Ro'n i wedi sgwennu pethe fel 'My name is Musa/Gogo. I am tall/small and I have brown eyes.' (Mae gan bawb lygaid brown.) 'My favourite food is yam/rice/meat/bananas,' ac yn y blaen. Be ge's i am fy nhrafferth? 'I am yam and I have banana eyes.' Asiffeta.

Dwi bron â gorffen fy nghampwaith. Dwi'm isio'i orffen o. Mi fydda i ar goll hebddo fo.

Chwefror 13

Mi orffennais i'r llith pnawn 'ma, a dwi wedi ei stwffio i ddrôr. Dwi am gael seibiant cyn darllen drosto fo eto. Dwi wedi dechra darllen My Uncle Oswald gan Roald Dahl. Clincar o lyfr. O na allwn i sgwennu fel fo.

Trasiedi yn swyddfa'r post. Maen nhw'n gwrthod rhoi ein llythyrau i ni ac yn bygwth eu gyrru'n ôl os na wnaiff rhywun dalu y cant a hanner naira sydd arnon ni ar gyfer y blwch post. Mae hynna'n gyflog bron i dair wythnos. Hec, a chan mai Katie a finna sy'n cael y rhan fwya o lythyrau, mae'n siŵr mai ni fydd yn gorfod talu'r rhan fwya ohono fo.

Mi laddais i anghenfil o lygoden heno, wnaeth y cathod ddim sbio arni. Roedd hi gymaint mwy na nhw – bechod!

Chwefror 21

Wedi bod yn tynnu lluniau fel peth gwirion, fel 'mod i'n gallu rhoi'r ffilmiau i Dad yn Lagos. Dwi wedi bod yn gwneud tâp hefyd, yn recordio'r plant yn siarad Nupe, yn canu, yn tywallt dŵr i'r tanc, a Katie yn canu'r Meseia yn y bàth. Mae ganddi goblyn o lais soprano da. Mi fydd Dad wrth ei fodd.

Wedi dechra The Trouble with Nigeria gan Chinua Achebe. Ew, mae'n stwff cry', mae o'n tynnu ei wlad ei hun yn ddarnau mân. Mae o'n llawn ffeithiau anhygoel am y llygredd a'r llwgrwobrwyo sy'n digwydd ymysg y mawrion. Mega 'dash' yn y bôn.

Gawson ni dipyn o sioc heddiw. Doedd y prifathro ddim am i Katie ddod i Lagos gan fod yr arolygwyr yn cyrraedd ddydd Mercher. Roedd y greadures jest a chrio. Ond wedi i ni weithio fel ffylied, yn paratoi cant a mil o wersi, yn hel ffeiliau gwaith cartref a ffeiliau'r clybiau at ei gilydd i ddangos pa mor weithgar ydan ni, mi newidiodd ei feddwl, 'ngwashi. Wedyn ge's i lwyth o lyfrau i'w marcio gan 3C. Ond dwi wedi llwyddo i fynd drwyddyn nhw, a sgwennu paragraff ar ddiwedd bron bob un. Dwi'n gweld y bliws. Mae Peter 1A yn mynd i edrych ar ôl y cathod i ni.

Fyddan ni ddim yn cychwyn am Lagos tan ddydd Sul. Mae Frankie wedi trefnu cynhadledd ar gyfer VSOs Niger State y penwythnos yma. Dwi'n edrych ymlaen at weld pawb.

Mi ddarllenais fy llith ar gyfer yr Urdd a gorfod gludo darnau bach o bapur dros y camgymeriadau. Does gen i ddim digon o bapur i ddechra ailsgwennu. Dyna fo rŵan, mae o mewn amlen yn barod i Dad ei bostio adre. Dwi wedi rhybuddio pawb na chân' nhw ei ddarllen o ar unrhyw gyfri'. Hec, be dwi'n wneud 'dwch? Mae o braidd yn wirion a dros ben llestri. Tyff, dwi wedi mynd i'r holl drafferth, mi gaiff ei yrru a dyna fo.

Chwefror 22

Ffarwelio efo Gbara ar ôl cinio, ar ôl codi efo'r wawr i bacio a glanhau'r tŷ. Roedden ni wedi trefnu ein bod yn aros efo Frankie, ac mi atgoffodd o ni ei bod hi'n bryd i ni gael ein *boosters* o *gamma globulin* yn erbyn Hepatitis B. Aeth i'r rhewgell (mae ganddo fo drydan) ond dim ond un botel oedd ar ôl. Taflu kobo i'r awyr a fi gollodd, felly fi oedd yn gorfod llusgo fy hun i chwilio am fferyllydd fyddai'n gallu rhoi y stwff i mi. Mae ganddon ni ein *syringes* a'n nodwyddau ein hunain, ond mae angen rhywun sy'n gwybod be mae o'n wneud i chwistrellu'r stwff i dy ben ôl di.

Mi ddois i o hyd i'r fferyllydd ond do'n i ddim yn licio'r wên ge's i. Doedd ganddo fo ddim stafell gefn, felly rhaid oedd bodloni efo mynd y tu ôl i hanner cyrten i dynnu 'nhrowsus i lawr. Ro'n i'n fflamgoch, yn gwybod bod yr holl bobol oedd yn y siop yn gwybod be oedd o'n wneud. Roedd o'n blincin brifo hefyd, ac mi wnaeth y diawl roi pinsiad i 'nhin i cyn i mi gael cyfle i godi 'nhrowsus yn ôl, a chwerthin dros y lle a gweiddi rywbeth yn Nupe nes oedd y cwsmeriaid jest a gwlychu eu hunain. Sinach.

Chwefror 24

Wedi bod yn trafod pob math o betha fel *cultural integration*, cyflogau, problemau ac ati. Pawb yn gorfod deud ei bwt a finna'n teimlo yn ofnadwy o chwithig yn siarad Saesneg o flaen pawb. Mae 'na wahaniaeth mawr rhwng annerch dosbarth o blant a llond stafell o VSOs. Es i'n nerfus uffernol pan ddechreuodd llygaid pawb grwydro at y drws tra o'n i'n siarad, ond mi wellais wrth i amser fynd yn ei flaen. Mae pawb arall yn areithwyr arbennig o dda, a Katie yn arbennig o effeithiol. Hawdd deud y bu hi'n aelod blaenllaw o'r *Oxford Debating Society*. Es i ddim i'r *Cool Spot* efo pawb arall neithiwr, ro'n i wedi blino gormod.

Mi gychwynnon ni fodio am Lagos ar ôl cinio, ar ôl hel llond bag o lythyrau i'w rhoi i Dad gan bawb a phopeth. Mae'r chwiorydd wedi sgwennu dwsin yr un!

Mi gyrhaeddon ni Ilorin erbyn iddi nosi, a dod o hyd i'r goriad roedd Wendy wedi ei adael i ni ar ôl hir ymbalfalu yn y tywyllwch. Mae ganddi drydan a dŵr poeth ac mi gawson ni'n dwy fàth hirfaith yr un. Nefoedd. Ysgol ar gyfer plant byddar ydi hon, felly mae 'na fwy o adnoddau yma o beth coblyn.

Dwi wedi cynhyrfu'n lân. Mi fydda i'n gweld Dad fory!

Mawrth 4

Dyna wythnos wedi diflannu, a Katie a finna wedi byw fatha'r crach yn Lagos efo aelodau'r Gymdeithas Gymraeg. Ar wahân i Dad, roedd Dafydd Edwards, Marian Roberts a'i gŵr, Annette Bryn Parri a Trefor Selway yno hefyd. Roedd hi'n ffantastig gweld yr hen Domos. Dydan ni'm yn deulu swslyd, chwedl Taid, ond mi gafodd o sws fawr gen i. Mi ddaeth â llond cês o betha i mi hefyd: dwsinau o niceri, dillad newydd wnaeth Mam eu dewis i mi – ac maen nhw'n berffaith, bwydiach, ugeiniau o lythyrau, llyfrau, casetiau, peli pêl-droed a phêl-rwyd o Ysgol y Gader – roedd hi fatha Dolig! Rydan ni wedi cael ein sbwylio'n rhacs efo tripiau mewn cychod hwylio a chychod modur Onassisaidd, partïon coctel a barbeciws ar y traeth, a hyd yn oed yn cael *caviare* bron bob dydd, ac mae gan bawb bwll nofio a thrydan a chawodydd poeth a byddin o weision a *chauffeurs*. Dwi wedi cyfarfod Yncl Wil (wel, cefnder Mam), o Sir Fôn bellach ond o Aberangell yn wreiddiol, sy'n byw yma ers blynyddoedd ac yn ffantastig o foi ac yn sôn am drefnu car i fynd â ni yr holl ffordd 'nôl i Gbara pan ddaw'r cyfnod anhygoel 'ma i ben. Dwi wrth fy modd yn cael siarad Cymraeg eto, er bod hynny yn mynd ar nerfa Katie, ond stwffio hi.

Dydi pawb rydan ni wedi eu cyfarfod ddim mor glên â'r Cymry sydd yma. A deud y gwir, mae agwedd hiliol a nawddoglyd

Fatima

Prep: y cyfnod 'gwaith cartref' gorfodol

Katie a'r brodyr 'Sumai Wa?' o flaen yr ysgol,
a hanner y to wedi diflannu mewn storm

Dau o fechgyn dosbarth 5 yn fy nghynorthwyo
gyda 'mag siopa drwy'r pyllau

Y pwyllgor croesawu arferol
ar ôl penwythnos i ffwrdd o'r pentre

Gboya Ndabida ar ei 'foto' newydd a Ladan ar y cefn

Stryd gefn yn Gbara

'Mi fydd y ddynes wen 'ma yn rhoi pigiad i ti
os wyt ti'n hogyn drwg . . .' Gwreiddiau y Goeden Fflam
ynghanol y pentre. Claire Leandro yn y cefndir.

Un o dai tlysaf Gbara – a'r 'oergell' y tu allan,
sef potyn yn llawn dŵr

69

Emir, brenin Gbara, yn y Sala ar gefn ei geffyl gwyn

Mae merched yn cael eu dysgu i wneud gwaith tŷ yn ifanc iawn. Dyrnu yam i wneud toes o 'eba' mae'r ddwy yma.

Y brodyr 'Sumai Wa?' yn cael sterics
wrth fy ngwylio yn ceisio torri 'ngwallt

Ein tŷ ni ar y chwith

Calabashes yn llawn gwin palmwydd

Gwasanaeth boreol ar ddechrau'r tymor,
a thri chwarter yr ysgol yn dal ar goll

Plant bach Gbara

Diod Nadoligaidd gyda rhai o'r athrawon
– a Gboya yn y crys gwyn

Rhai o'r bobol Tuareg ym marchnad Bida

Dosbarth 1 a phrinder dodrefn yr ysgol

Amser swper a'r plant yn dangos i mi sut i fwyta'n daclus

Ge's i fenthyg dillad 'go iawn' Audu (ar y chwith)

Y pobdai cymunedol – a lle da i eifr gysgodi rhag yr haul

Yr hogyn bach fu'n syllu i fyw fy llygaid
yn ystod y gêm bêl-droed ddiwrnod y seremoni ffarwelio

Y gegin wleidyddol niwtral!
Powlen golchi llestri, dwy stôf a ffilter dŵr.

Y teulu yn gofalu mai Nain sy'n cael y lle blaenaf yn y llun

ambell Sais *Tally Ho* yn gwneud i mi fod isio'u blingo nhw'n fyw, ond fiw i mi ddeud gormod. Ddim rŵan, ddim fa'ma.

Dwi wedi trio perswadio Dad i ddod i Gbara, i weld y Nigeria go iawn. Dwi'm yn or-hoff o Lagos, mae o'n lle peryg a chreulon, ond does 'na'm amser yn anffodus. Ella daw rhywun o'r teulu draw cyn i mi fynd adre flwyddyn nesa.

Mi fuon ni'n dangos lluniau o Gbara i bobol: y tŷ, yr ysgol ac ati, yn disgwyl iddyn nhw ymateb fel y bydd Mam yn ei llythyrau, ond na, tyfodd eu llygaid fel soseri, *'Oh, I'm so sorry, I didn't realise, oh, you poor things . . . '* Doedd Katie a finna rioed wedi meddwl am ein hunain fel'na, ac mi ddeudon ni hynny yn eitha pendant, ond gwaredu fuon nhw fel tiwn gron, yn *'absolutely disgusted'* bod VSO yn disgwyl i bobol fyw dan y fath amgylchiadau. Ond roedd Yncl Wil yn dallt.

Mi fuon ni yn y cyngerdd mawr Gŵyl Ddewi echnos, ac mi fynnodd Dee, y ddynes rydan ni'n aros efo hi, fenthyg ffrogiau crand i Katie a finna. Ro'n i'n teimlo mor od mewn ffrog slinci sidan lwyd at fy nhraed, ond eto, roedd o'n deimlad mor braf. Mi fuon ni'n waltzio a cha cha-io, wel, trio, a chael sylw anhygoel gan yr holl ddynion unig sydd yma. Dwi rioed wedi cyfarfod cymaint o *manic depressives* yn fy myw.

Pan ganodd Dad yn y cyngerdd, ge's i bwl o hiraeth mwya ofnadwy ac mi ddechreuais i grio.

Aeth 'na griw mawr yn ôl i dŷ Dee wedyn, ac yfed yn wirion. Neidiodd pawb i'r pwll tua'r pump 'ma, ac mi ddechreuais i wneud *back-flips* i mewn o'r ochr. Wyddwn i ddim 'mod i'n gallu eu gwneud nhw!

Y bore wedyn, roedd gan bawb hangofyrs a hanner. Roedd Dad a'r criw yn gadael y noson honno, ac aethon ni efo nhw i'r maes awyr. Mi roddodd Dee dâp o gôr yn canu 'Myfanwy' ymlaen yn y car, ac er mawr embaras i mi, mi ddechreuais i grio. Dwi'n methu coelio'r peth. Myfanwy! Erbyn cyrraedd y terminal, ro'n i'n beichio crio a methu stopio. Doedd Dad druan ddim yn gwybod be i'w wneud efo fi. Roedd 'na gymaint ro'n i isio'i ddeud wrtho fo, ond fedrwn i'm deud gair call, dim ond udo fel hen gi a gwlychu ei grys o'n socian. Dwi rioed wedi gwneud hynna o'r blaen, wel, dwi wedi crio digon, ond rioed fel'na. Dwi'n dal i ddechra dyfrio pan fydda i'n meddwl am y peth. Damia, dwi'n crio rŵan, wrth sgwennu am y peth!

Rydan ni'n mynd yn ôl i Gbara fory. Hec, mae'n mynd i fod yn goblyn o anodd setlo ar ôl hyn i gyd.

Mawrth 6

Mi fues i'n crio bron yn ddi-dor am ddeuddydd ar ôl ffarwelio efo Dad.

Mae'r prifathro wedi gwirioni efo'r peli gan Ysgol y Gader, yn giglan fel hogyn bach, *'Oh thankyou, thankyou thankyou! I shall write to your father, I shall thank him and thank the school, oh, I shall thank him!'* Aeth o 'mlaen fel'na am oes. Roedd gweddill y staff yn rîal blincin poen, i gyd isio anrhegion personol a'r hen Ladan 'na yn mynnu camera, a doedd o ddim yn tynnu coes 'chwaith. Dyna'r peth efo dod â'r holl geriach yn ôl efo ni; mae pawb yn meddwl bod pawb gwyn yn drewi o bres. Ar ôl bod yn Lagos, hawdd dallt pam maen nhw'n cael y fath argraff.

Diolch i Wil, doedd dim rhaid i ni fynd drwy'r cybôl o gael tacsis a bodio yn ôl yma. Mi fynnodd fod dau o'i yrwyr yn dod â ni yma bob cam mewn Peugeot 504 crand. Roedd y ddau yn meddwl y byd o Wil, am ei fod o'n eu trin gyda pharch, medden nhw, rhywbeth sy'n brin iawn ymysg *ex-pats*. Gawson nhw goblyn o sioc pan welson nhw'r tŷ, er i ni eu rhybuddio nhw; mae'n rhaid eu bod nhw'n dal i gredu na fyddai pobol wyn byth yn fodlon byw mewn adeilad mor syml. Ond roedd o'n edrych gymaint gwaeth nag arfer efo llwch oren harmattan a baw llygod dros bob dim. Dydi'r ddwy gath 'na yn dda i ddim.

Roedd y pedair awr ar hugain gyntaf yn ôl yma yn od iawn. Doedden ni ddim yn gwybod be i'w wneud efo'n hunain. Mae bywyd mor wahanol yma, ac ro'n i'n gweld isio y rhew yn syth bin, heb sôn am y menyn, y cimychiaid, y gin, yr hufen iâ ac ati, a chwmni pobol oedd mor hynod o garedig. Rydan ni am fynd yn ôl yno eto rywbryd. Mi faswn i'n taeru ei bod hi'n boethach nag erioed yma, a'r mosgitos wedi bod yn cael orjis, yn ôl eu niferoedd.

Ro'n i wedi cael *super glue* gan Mam, felly mi es ati yn syth i ddechra trwsio fy ngwahanol esgidiau rhacslyd, a dwi wrth fy modd yn cael gwisgo dillad newydd efo lastig sy'n gweithio.

Gorfod mynd i Bida heddiw, a hitha yn llethol o boeth. Gofalu mynd â photel o ddŵr efo ni, ond cyn cyrraedd hanner ffordd, roedden ni wedi yfed bob tropyn ac yn wirioneddol sychedig.

Roedden ni fel tasen ni'n mygu, ein cegau yn gorcyn a'r gwaed yn pwmpio yn ein pennau. Erbyn tri chwarter y ffordd, roedden ni fel rhywbeth allan o ffilm am y Sahara, ac yn gorfod eistedd dan goeden yn tuchan a chwyno. Gwelais i fango ar gangen uchel a neidio amdano fo. Mae'n rhaid 'mod i'n wirioneddol despret, gan i mi roi naid anhygoel a chael gafael ynddo fo yn syth. Roedd Katie druan yn rhy wan i symud. Roedd hi'n fango sur, heb fod yn barod i'w bwyta o bell ffordd, ond roedd 'na rywfaint o sudd i'w sugno ohoni.

Roedd cyrraedd Dancitagi yn gymaint o ryddhad, ac wrth lwc, roedd 'na foi ar y bws yn mynd â galwyn o win palmwydd i Bida. Gawson ni ddau lond mwg am un naira, ac roedd o fel neithdar. Fe wellon ni'n syth, ac erbyn cyrraedd Bida roedden ni fel newydd, braidd yn benysgafn efallai, wel, a bod yn onest, roedden ni'n chwil, ond o leia roedden ni'n teimlo fel bodau dynol eto.

Ymlaen i swyddfa'r post, lle'r oedden nhw'n gwrthod rhoi ein llythyrau i ni oherwydd nad oes neb byth wedi talu'r bil. Doedden ni ddim yn gorfod actio yn rhy galed i gynhyrchu llygaid dagreuol, ac yn y diwedd, fe gawson ni y pentwr mwya eto o lythyrau hyfryd, bendigedig. Ond roedden nhw'n mynnu bod rhaid talu'r bil erbyn wythnos nesa neu mi fydda hi'n ddrwg yma.

Roedd Don a Maeve a'r criw yn y *Super Cool Spot*, ac roedd hi'n deimlad mor braf gallu rhoi anrhegion iddyn nhw. Rois i avocado i Maeve a phecyn o gawl madarch i Don. Roedden nhw wrth eu boddau.

Siarad efo Katie am oriau heno. Rydan ni'n dallt ein gilydd gymaint gwell rŵan, a hitha yn cyfadde ei bod yn dallt fy Nghymreictod gymaint gwell ar ôl fy ngweld i efo Dad, Annette a'r criw. Roedd hi'n deud fy mod i'n newid yn llwyr pan dwi'n siarad Cymraeg, fy mod i'n ymlacio ac yn newid cymeriad rywsut.

Mawrth 7
Dwi'n gwella. Dwi'n gallu rheoli'r dagrau gymaint gwell rŵan, ac yn arthio llai ar y plant druan. Dwi'n ymwybodol iawn 'mod i wedi bod yn hen ast efo nhw yn ddiweddar. Jest wedi blino ydw i rŵan. Mi gwympais i gysgu yn y stafell athrawon bore 'ma, a slefrian ar hyd llyfr Usman A. Mamman. Wp a deis!

Dipyn o hwyl pnawn 'ma. Rydan ni'n cael diwrnod

mabolgampau toc, felly mae pawb wrthi fel fflamia yn ymarfer. Dwi wedi bod yn cynorthwyo gyda'r rasus cyfnewid, a Katie wedi bod yn hyfforddi y rhedwyr 800 a 1500 medr. Mae'r plant wedi bod yn sgubo chydig ar y cae y tu ôl i'r ysgol er mwyn cael ryw lun o drac. Mae o'n edrych braidd yn fach i mi, a'r ras can medr yn debycach i saith deg a phump, ond dyna fo. Gwneud y gorau o'r mymryn sy' gynnon ni, hwnna ydi o.

Mawrth 11

Commonwealth Day. Dim gwersi heddiw, ac roedd y prif wedi gofyn i Katie baratoi cwis, ac i minna baratoi rhywbeth dramatig. Ddoe ofynnodd o! Mae isio gras. Aeth y cwis yn iawn, a'r actio ar y pryd yn weddol. Ro'n i'n rhoi sefyllfa ac ambell brop i ddau wirfoddolwr, ac roedden nhw'n cael ryw bum munud i baratoi rhywbeth, cyn actio am bum munud. Roedd 'na rai yn wirioneddol dda, ond mi wylltiais i braidd efo dau lembo o 3C. Y sefyllfa oedd fod rhywun wedi marw. Be wnaeth y ddau yma? Dod ymlaen, disgyn ar eu cefnau, ac aros yno – am oes. Ddaru nhw ddim symud nes i mi ofyn iddyn nhw orffen y sgets, plis, thanciw. Ro'n i'n flin wedyn nes inni ddechra chwarae pêl-droed, staff yn erbyn y merched, ac yna staff yn erbyn hogia bach dosbarth un. Ew, roedd o'n hwyl. Ro'n i'n anobeithiol wrth gwrs, a'r plant i gyd yn gwneud cylchoedd o 'nghwmpas i – yn llythrennol. Roedd Katie ar y llaw arall yn rhyfeddol o dda.

Mae Mrs Hassan, yr ail wraig, yn deud ei bod wedi gweld neidr fawr dew yn mynd i mewn i dwll fodfeddi o ffenest llofft Katie. Rydan ni wedi gweld y twll, ac mae o'n anferth. Roedd Mrs Hassan yn gweld y peth yn ddigri tu hwnt. Dydan ni ddim.

Mawrth 12

Ro'n i wrthi'n cau'r cyrtens rŵan, a dyma'r awyr yn troi'n felyn. 'Mellten?' medda fi, ac yna daeth 'na ugeiniau ohonyn nhw. Roedd o'n ffantastig, dydi mellt fa'ma ddim byd tebyg i'r fflachiadau pathetig rydan ni'n eu cael gartre. Mae'r awyr i gyd yn goleuo yn lliwiau arallfydol ac mae bob dim fel tasa fo'n rhewi yn y fan a'r lle am eiliadau hirion. Tybed ydi hyn yn golygu ei bod hi'n mynd i lawio? Mae'r tywydd 'ma rownd y bend yn llwyr, dydi'r glaw ddim fod i gyrraedd am fisoedd.

Gwers ar rannau'r corff efo dosbarth un, a chanu *'Heads, shoulders, knees and toes'* – a doedden nhw ddim isio stopio!

Dwi wedi bod yn chwysu fel hwch drwy'r dydd ac mae fy wyneb i'n blastar o blorod. Damia nhw.

Dechra'r clwb arlunio eto heddiw, a defnyddio'r crayons yrrodd Mam efo Dad, ac maen nhw'n gweithio'n grêt. Mae pawb wedi bod yn tynnu lluniau glas y dorlan, ac maen nhw'n rhai da hefyd.

Angel Delight i bwdin heno – bendigedig. Mae'r bwydiach ddaeth Dad efo fo wedi bod yn fendith, does 'na'm dwywaith. Ond mi welais i'r prifathro yn rhoi llond bocs o *shuttlecocks* i Josaiah y gyrrwr bysys bore 'ma, 'dash' o ryw fath mae'n siŵr. Ys gwn i faint o'r stwff sy' wedi cael ei rannu rhwng y staff ar y slei? Mae'n troi fy stumog, ond be fedrwn ni wneud am y peth? Dyna'r drefn fan hyn. O leia does 'na neb wedi dwyn y posteri rydan ni wedi eu gosod ar wal bob stafell ddosbarth. Rydan ni'n cadw llygad barcud arnyn nhw.

Mawrth 13
Mi ddaeth y glaw neithiwr, tra oedden ni'n ein gwelyau, a gwneud coblyn o dwrw ar y to sinc 'ma. Erbyn i ni godi bore 'ma, roedd bob dim yn grimp eto. Dwi'n sbotiau bach pinc drosta' i, ond dydyn nhw ddim yn cosi. Rhyw fath o *prickly heat* mae'n siŵr. Ond mae gan Katie blorod mawr cas dros ei thalcen, a dydyn nhw ddim yn edrych yn iach o gwbl. Mi wnes i awgrymu ella y dylai hi olchi cas ei gobennydd, a dyna wnaeth hi heno. Roedd o'n sglyfaethus. Mae hi'n anobeithiol am olchi dillad ei gwely, ac yn chwerthin am fy mhen i pan dwi'n sgwrio yn ddeddfol o leia unwaith yr wythnos. Ond mae'n gas gen i feddwl am orweddian yn yr holl chwys a llwch a budreddi. Dwi'n cysgu fel babi pan fydd gen i ddillad gwely glân, ffres – wel, o fewn rheswm o ystyried y gwres 'ma.

Daeth yr arolygwyr heddiw, a bu un yn fy ngwylio yn rhoi gwers i 3A a 3C ar sgwennu crynodebau. Roedd o'n eitha bodlon dwi'n meddwl, oherwydd maen nhw wedi penderfynu y cân' nhw roi cynnig ar yr arholiad WAEC flwyddyn nesa. Roedd y prifathro wrth ei fodd!

Mawrth 20
Mae hi'n boethach na fuodd hi rioed a phob cannwyll yn

ymgrymu'n bwdin. Dwi'n deffro bob bore yn laddar o chwys. Rydan ni hyd yn oed wedi dechra tywallt mwgeidiau o ddŵr dros ein pennau heb drafferthu i dynnu ein dillad yn gynta. Mae'r cwbwl yn sych o fewn dim. Mae Katie yn edrych yn uffernol, mae'r plorod mawr drosti i gyd erbyn hyn ac mae hi'n ddigalon iawn. Dwi'n poeni amdani braidd.

Dwi'n llawer hapusach efo'r gwersi o'r diwedd. Maen nhw'n gallu rhoi traethodau reit daclus at ei gilydd. Ond ge's i ffit wrth ddarllen traethodau blwyddyn 4 ar *'Should Marriage be abolished?'* Maen nhw'n trin merched fel baw. Dyma ddarn o waith Yunusa:

'Marriage is good because your wife will feed you 3 times a day and sweep and clean for you, and you do not need to chase another man's wife and pay her money, for your own wife is there . . . '

Mae'r glaw wedi cyrraedd go iawn. Tua dau heddiw, mi newidiodd yr awyr o las llachar i lwyd tywyll o fewn dim. Wedyn mi ddaeth y gwynt corwyntaidd 'ma â chymylau duon trymion nes oedd hi fel nos. Mellt wedyn, yn batrymau pinc, coch ac oren dros yr awyr i gyd. Wedyn mi ddechreuodd hi bigo bwrw. Mi fuon ni'n dawnsio tu allan am chydig a'r plant efo ni. Ge's i awydd paned wedyn ac eistedd ar stepan y drws yn syllu ar yr awyr a mwynhau'r gwynt a'r gawod dyner. Ond heb rybudd o fath yn y byd, mi fwceidiodd y glaw i lawr, yn union fel tasa rhywun wedi agor zip yn y cymylau a chyn i mi gael cyfle i symud, roedd yr holl fudreddi oedd ar y to wedi'i olchi i lawr ar fy mhen i. Ond es i'n ôl i ddawnsio yn y glaw a chyn pen dim ro'n i'n lân eto!

Roedd Gboya hefyd yn teimlo'r gwres yn arw heddiw. Ar ôl cwyno ac ochneidio a ffanio'i hun efo un o'r teclynnau petryal o wellt sydd gan bawb, mi gafodd lond bol, a thynnu ei grys. Ge's i gymaint o drafferth i ddad-hoelio fy llygaid. Mae o'n berffaith. Es i'n rhyfedd i gyd. Fiw i mi ddechra disgrifio ei gorff o, neu mi fydda i wedi dechra cnoi y gwely 'ma. O na fyddai'n dechra glawio eto. Dwi angen cawod oer arall.

Mawrth 22

Mae 'na olwg ofnadwy ar Katie, ei hwyneb yn blastar o blorod mawr piws, ei thalcen yn *pus* melyn drosto a gweddill ei chorff yn sbotiau chwys i gyd. *Prickly heat* ydi o medda hi, ond mae gen i bricli hît, a dydi o'm byd tebyg i hynna. Dwi wedi bod yn trio ei pherswadio eto fyth i olchi ei dillad gwely yn fwy aml, a golchi ei gwallt ac ati, ac o'r diwedd mae hi'n sylweddoli bod 'na synnwyr yn y peth.

Mae hi'n glawio bron bob nos rŵan, ac mae o'n fendigedig.

Mi wnes i drio chwarae *Kim's Game* efo dosbarth un heddiw. Bwriad y gêm ydi rhoi pentwr o betha ar y ddesg, petha maen nhw'n dysgu eu henwau yn Saesneg, fel llyfr, pensal, rhwbiwr ac ati. Wedyn tra maen nhw'n cau eu llygaid, dwi'n tynnu un neu ddau o betha oddi yno ac maen nhw i fod i enwi y petha sydd ar goll. Ond roedd y tro cynta yn llanast go iawn, roedden nhw wedi camddeall y gêm yn llwyr, a phan ddeudais i 'O.K., now,' mi ruthrodd pawb am y ddesg a bachu bob dim! Roedd o'n eitha digri.

Roedd gen i glwb drama am hanner awr wedi tri, ac roedd y stafell yn llawn a phawb yn cael hwyl dda arni pan ddaeth Katie i'r drws, wedi bod yn disgwyl i bobol ddod i'w chlwb siarad cyhoeddus, a dechra 'nghyhuddo i o ddwyn ei disgyblion hi. Mae hi'n riâl cranc y dyddiau yma. Mi yrrais i ryw ddwsin ati hi a deud dim mwy am y peth. Fiw i mi.

Mi rois i gynnig ar dorri fy ngwallt fy hun heno, dan oruchwyliaeth Yunusa Adamu a'i frawd Adamu Yunusa. Roedden nhw'n chwerthin gyda phob snip ac yn fy ngwneud i'n reit nerfus, ond dwi wedi gwneud job reit daclus o be wela' i.

Mawrth 24 – Nos Sul
Dwi'n crynu i gyd. Aeth Katie a finna i Bida ddoe. Aethon ni i'r farchnad, ond mi ddechreuodd hi grio pan ddechreuodd criw o blant wneud hwyl am ei phen hi. Roedd y plorod wedi gwaethygu yn uffernol, fel *carbuncles* dros ei hwyneb hi, fel rhywbeth allan o ffilm arswyd. Felly aethon ni i'r eglwys i weld Sister Mary a Sister Cleophas gan fod y ddwy â phrofiad nyrsio. Wrth lwc, roedd 'na leian arall sy'n ddoctor efo nhw. Mi holodd honno Katie am ei hiechyd a'i hiselder ysbryd ers cyrraedd Gbara. 'Go home,' medda hi. 'Now.' Mi fues i'n hir iawn yn dallt. Mae'n debyg fod petha fel'na wedi'u heintio mor agos i'r ymennydd yn beryg *iawn*.

Felly heddiw, mi ddois i'n ôl i Gbara i dechra pacio ei phetha hi, ac mi ddaeth hitha yn hwyrach efo Frankie yn y car, ar ôl trefnu tocyn awyren a'r holl waith papur oedd ei angen. Prin oedden ni'n gallu gweld be oedden ni'n bacio, roedden ni'n crio gymaint. Er gwaetha'r holl gecru a'r oll dwi wedi cwyno amdani, rydan ni wedi dod yn ffrindiau mawr erbyn hyn a dwi'n mynd i'w cholli hi'n ofnadwy. Mi fydd y plant wedi torri eu calonnau, mae hi wedi bod yn gweithio mor galed yn ddiweddar. Roedd hi wedi dychryn ac ypsetio a phrin yn gallu credu be oedd yn digwydd, fel fi. Dwi newydd fod yn y bàth dros fy mhen. Do'n i'm isio gweld neb, o'n i jest isio llonydd. Dwi'n bendant yn mynd adre dros y Dolig. Dwi'm isio Dolig dideulu arall.

Mawrth 25 – Dydd Llun

Mae'r plant wedi bod yn grêt, yn galw heibio i weld os allan nhw fy helpu mewn unrhyw ffordd, yn syllu arna' i efo'u llygaid mawrion, yn gofyn mewn lleisiau bach tawel: *'You have nostalgia, Miss?'*

Oherwydd fy mod i'n gorfod cywiro gwaith dosbarthiadau Katie yn ogystal â fy rhai fy hun, dwi'n gweld y bliws, ond daeth dau o'r hogia draw heddiw i olchi dillad a glanhau'r tŷ tra o'n i'n marcio. Maen nhw'n werth y byd.

A bod yn frwnt o onest, dwi'n well allan mewn sawl ffordd heb Katie, ond mi fyddai'n well o lawer gen i tasa hi'n aros. Dwi'n gorfod ailsetlo eto a dechra trefn newydd. Dwi'n mynd i gael trafferth efo pobol fel Seyi hefyd. Mae pawb yn meddwl 'mod i'n unig ac yn mynnu dod i 'ngweld i. Digon teg, ond mae'n well gen i fynd i chwilio am gwmni na chael cadach llestri fel Seyi dan fy nhraed drwy'r adeg.

Ge's i boenau ofnadwy neithiwr, a deffro yn laddar o chwys. Ro'n i methu cerdded yn iawn am sbel ac isio cyfogi yn y modd mwya ofnadwy. Ro'n i'n dechra poeni go iawn fod 'na rywbeth mawr yn bod arna' i, ond ar ôl llyncu tair aspirin, ro'n i'n llawer gwell.

Dwi methu anghofio yr olygfa o Katie yn pellhau yn y car, yn codi ei llaw arna' i yn y llwch, a'r ddwy ohonon ni yn beichio crio.

Mawrth 26

Dwi'n teimlo'n hapusach rŵan. Mae 'na lawer o betha bach wedi codi 'nghalon i a dangos i mi y bydd popeth yn iawn. Daeth un o'r hogia bach i'r tŷ gynna a'i wynt yn ei ddwrn: *'Miss Bethan, there is*

a man for you.' Un o weithwyr y criw Cymraeg o Lagos, wedi dod
â phedwar llond tun o baent yma bob cam! Rhedeg cwmni paent
oedd gŵr un o'r merched gafodd sioc o weld lluniau o'r tŷ, erbyn
cofio, a dyma nhw wedi gyrru rhain i ni yn anrheg ! Ro'n i ar ben
fy nigon. Maen nhw'n lliwiau ceidwadol iawn – gwyn a hufen –
ond dwi'm yn cwyno! Ga' i wared â'r jyngl sydd wedi tyfu ar y wal
rŵan, a chuddio'r holl farciau coch lle'r ydan ni wedi bod yn lladd
mosgitos.

Daeth 'na lwyth o ddisgyblion draw fesul un a dau drwy'r
pnawn a thrwy'r nos i gadw cwmni i mi, a fy helpu efo'r gwaith tŷ
a'r gwaith clirio. Maen nhw'n werth y byd. Rois i amlenni a
chlipiau papur yn anrhegion iddyn nhw.

Does gen i fawr o awydd bwyd yn ddiweddar, a dydi'r stumog
'ma ddim yn gant y cant.

Mawrth 29

Diwedd tymor. Dwi wedi bod yn marcio drwy'r dydd, bob dydd a
llenwi adroddiadau fy nosbarthiadau i a rhai Katie a dwi wedi
blino. Rois i lond pen i Ladan yr athro hanes pan feiddiodd o
gwyno 'mod i'n araf yn llenwi'r llyfrau. A finna yn llenwi dau yn
yr amser mae o'n ei gymryd i lenwi un!

Mi baciais i bob dim yn rhyfeddol o sydyn. Dwi am fynd i Lagos
efo Wendy y penwythnos yma, ac yna hedfan i Togo os fydd hi'n
bosib, sef gwlad fechan rhwng Benin a Ghana. Maen nhw'n deud
bod y Togolese yn bobol hyfryd a'r wlad ei hun yn werth ei gweld.
Dwi yn nhŷ Wendy yn Ilorin rŵan, ar ôl cael lifft yn syth bin yr holl
ffordd o Kutigi. Roedd hi'n gymaint o ryddhad gallu siarad am
Katie efo hi. Mae hi'n canlyn efo un o'r peirianwyr sifil o Biwaters
rŵan, ac mae 'na VSO arall wedi bachu Terry yr Awstraliad. Dwi
angen cwtsh gan rywun fy hun. Ydw, dwi'n teimlo'n pathetig o
unig.

Ebrill 7

Ar ôl dyddiau hirion hyfryd yn aros efo gwahanol aelodau o'r
Gymdeithas Gymraeg yn Lagos yn yfed Pimms, gwylio fideos,
nofio mewn pyllau nofio hyfryd, a chael fy sbwylio'n rhacs a chael
fy 'chauffro' i nôl tocyn awyren i Togo ac yna i'r Embassy i gael
visa, ac yna i'r maes awyr lle'r oedd yr awyren wedi'i gohirio tan y

diwrnod canlynol (aeth Wendy yn syth i Togo gan ei bod hi wedi prynu ei thocyn ers misoedd), dwi bellach wedi cyrraedd. Oni bai am Yncl Wil, dwi'n amau'n gry' y byddwn i'n dal yn Lagos. Roedd yr holl swyddogion yn creu cymaint o drafferthion, isio pres am hwn a'r llall dragwyddol, ond mi fynnodd Yncl Wil ddod efo fi bron bob cam at yr awyren, yn gofalu nad oedd neb yn cymryd mantais o 'niniweidrwydd i. Mae o wedi hen arfer ac yn dallt y dalltings, was bach. Mae'r dyn fel *fairy godmother*. Roedd o wedi derbyn neges radio am Katie, yn deud ei bod wedi cael ei hedfan adre efo *brain damage!* Ac roedd rhai o'r Lagosiaid eraill wedi clywed mai llid yr ymennydd oedd ganddi.

Ta waeth, ro'n i yn Lomé, y brifddinas, cyn pen dim, ac er 'mod i'n gwybod bod Wendy a chriw o VSOs eraill yma'n rhywle, wnes i ddim dod o hyd iddyn nhw. Dim problem, mi fwciais i mewn i westy rhad yn y cyfamser a'i baglu hi'n syth am y traeth a synnu bod y lle yn hollol wag. Mi osodais fy stondin ryw bymtheg llath o'r môr: tywel, *The World According to Garp,* potel o ddŵr, ychydig o fananas, cloc (mae fy wats wedi malu ers wythnosau) a setlo i lawr am bnawn da o dorheulo. Mae'n amhosib cael lliw o unrhyw fath yn Gbara. Er bod yr haul yno yn grasboeth, dydi o ddim yn llosgi am ryw reswm. Rhywbeth i'w wneud efo'r cyhydedd.

Cyn i mi orffen tudalen o *Garp,* roedd 'na don anferthol wedi torri drosta' i, gan fy ngwlychu i a phob dim arall yn socien. Mae'r cloc wedi concio allan rŵan, a thudalennau *Garp* druan fel pwdin. Mi symudais hanner canllath arall i fyny'r traeth, ond roedd pob ton o faint call am weddill y pnawn.

Toc, dyma fi'n sylwi bod 'na bobol yn dod i'r traeth bob hyn a hyn, yn cwrcwd am chydig ac yna'n gadael. Ro'n i'n ara iawn yn dallt. Wnes i'm sylweddoli nes i'm llygaid sylwi ar lwmp amheus ryw droedfedd o 'mhenelin i, a haid o bryfed o'i gwmpas. Mi neidiais ar fy nhraed a hel fy mhetha mewn un symudiad a brysio o'na. Pwy ond y fi fyddai'n torheulo ynghanol y cyfleusterau cyhoeddus?!

Es i'n ôl i'r gwesty wedi pwdu yn lân a mynd i gysgu am awr neu ddwy – ar ôl sgwriad trwyadl yn y gawod. Pan es i allan nes 'mlaen i chwilio am swper, pwy welais i mewn caffi ar ochr y stryd ond Claire Leandro a'r criw. Mae Claire yn goblyn o gymeriad, yn fychan a thywyll a byth yn stopio siarad, ond yn halen y ddaear.

Aethon ni am bryd i Chez Maxime, a chael llond gwlad o avocados – a chimwch! Maen nhw'n rhad fel baw yma ac mae gen i awydd cael un bob nos tra dwi yma! Mae'n od siarad Ffrangeg eto, ond yn ddifyr tu hwnt. Ac mae'n wir, mae'r bobol yn rhyfeddol o glên a chroesawgar, a neb yn gofyn am 'dash'. Dydi'r Ffrancwyr ddim wedi gadael eu cyn-drefedigaethau mewn hanner cymaint o lanast â'r Prydeinwyr o be wela' i.

Ebrill 16

Dwi ar yr awyren yn mynd 'nôl am Lagos, wedi cael gwyliau bendigedig. Roedden ni'n cael croissants i frecwast, a bwyd Ffrengig bob dydd. Dwi wedi twchu cymaint, dwi'n cael trafferth i gael fy sgert werdd dros fy mhengliniau – roedd hi'n ffitio'n iawn bythefnos yn ôl. Dwi'n frown ac yn iach ac wedi crwydro i ganol Togo, i raeadr sanctaidd a thrwy jyngl go iawn, a methu nofio mewn llyn oherwydd y crocodeils. Dwi wedi dod yn ffrindia mawr efo Claire, ac mae hi am ddod i Gbara ar y ffordd 'nôl i'r gogledd, wedi iddi dreulio dau ddiwrnod arall yn Lomé.

Mi wnes i symud i'r un gwesty â'r lleill, a doedd o'n ddim ond punt yr un y noson gyda phedair ohonon ni'n rhannu. Anhygoel, ac roedd ganddon ni falconi yn sbio dros y môr! Roedd bob dim yn rhad fel baw felly dwi wedi prynu llwyth o ddillad newydd Togoaidd, mwclis ac ati, a phetha sy'n amhosib eu cael yn Nigeria, fel ciwbs Knorr, mayonnaise a siocled.

Roedd cyrraedd yr awyren 'ma yn uffern ar y ddaear. Un munud roedd pawb yn ciwio'n ddel, a'r munud nesa dyma'r drws yn agor a phawb yn neidio amdano fo, yn gwthio a sathru a ffraeo a gweiddi. Fel'na'n union roedd hi ar y ffordd yma hefyd. Chaos llwyr. Roedd Wendy a finna wedi dychryn am chydig, ond pan sylwon ni fod 'na bosibilrwydd y bydden ni'n cael ein gadael ar ôl, mi luchion ninna ein hunain i ganol y sgrym a gwthio a chicio gystal â neb.

Ebrill 19

Dwi'n ôl yn Gbara ers y bore, ar ôl chwysu galwyni yn cario fy mag yr holl ffordd o Dancitagi. Mae'r pyllau yn eu holau a 'run cerbyd yn gallu mynd at yr afon. Hei ho. Wel, dwi angen colli'r bloneg 'ma.

Mae'n rhaid eu bod nhw wedi talu bil swyddfa'r post o'r diwedd (mi dalais fy siâr i wythnosau yn ôl) oherwydd roedd 'na domen o lythyrau i mi, a thunnell i Katie hefyd, ond 'run *ganddi* hi chwaith. Dwi wedi gyrru o leia pump ati hi ers iddi fynd. Y llythyr roddodd y sioc fwya i mi oedd un gan Llinos fy chwaer – mae hi'n priodi ar Fai yr unfed ar ddeg!

Es i i'r ysgol a sgwennu llythyr ffurfiol yn ymddiheuro 'mod i'n hwyr, a chael gwybod bod Santali yn gadael wythnos nesa, sy'n gadael mygins fel yr unig athro Saesneg yn yr ysgol. Fedra' i ddim dysgu pawb siŵr dduw, mae'r peth yn gwbwl amhosib.

Cyrhaeddodd Claire tua diwedd y pnawn, yn chwys botsh, y greadures. Mae'n grêt ei chael hi yma, mae pawb heblaw Seyi wedi diflannu am y penwythnos. Es i â hi am dro rownd y pentre, mi brynon ni lond calabash o win palmwydd – sef *munge* yn Nupe meddai'r hen foi, gwneud coblyn o bryd da o fwyd a meddwi braidd tra'n siarad am bawb a phopeth tan yr oriau mân.

Ebrill 21
Gawson ni benwythnos gwych. Mi helpodd Claire fi i roi trefn ar y llyfrgell dwi wedi ei gosod yn y garej drws nesa (ro'n i wedi prynu llwyth o lyfrau newydd yn Lagos) ac mi fuon ni'n torri a gludo corneli hen amlenni er mwyn cadw cardiau yn y llyfrau. Syniad gwych!

Wedyn aethon ni am dro i fyny'r afon mewn canŵ a rhoi cynnig ar bysgota a dal affliw o ddim. Dawnsio am oriau efo'r plant bach dan y goeden fawr fin nos wedyn.

Heddiw, aethon ni am bicnic i ganol y jyngl, a dod ar draws criw o Fulanis yn slotian *munge*. Doedden nhw ddim yn gall! Roedden nhw wedi dal llwyth o bysgod ac wrthi'n eu coginio ar fath o sbit, ac fe rannon ni ein picnic efo nhw, a nhwtha eu pysgod efo ni. Taith hir yn ôl, nofio yn yr afon a mynd am Coke bach at y criw dan y goeden. Roedden nhw'n canu caneuon Nupe i ni, a ninna'n gorfod canu iddyn nhw. Roedden nhw wrth eu boddau efo 'Hen Ferchetan', yn enwedig y ffaldirolian.

Ebrill 22

Mi adawodd Claire bore 'ma, ac wedyn dyma fo'n fy nharo i. Rŵan mae'r cyfnod ar fy mhen fy hun yn dechra o ddifri. Dwi heb brofi unigrwydd eto, ydw i? Ro'n i'n weddol hapus heddiw am fod gen i gymaint i'w wneud, paratoi nodiadau ar *Gullivers Travels* ar gyfer dosbarth pedwar, llenwi llwyth o ffurflenni WAEC a dechra ateb yr holl lythyron ge's i.

Dwi'n eitha realistig am y peth. Mi wna' i fy ngorau glas yma, ond os fydda i'n dechra mynd yn wirioneddol isel fy ysbryd, dwi'n mynd. Dydi cael transffer i rywle arall ddim yn syniad drwg. Roedd Claire yn deud bod 'na ysgol wrth ei hymyl hi yn holi am athrawon Saesneg. Gawn ni weld.

Daeth Umaru â llond sach o fangos i mi heddiw. *'I know you like them very much, Miss Bethan.'*

Dwi wedi bod yn meddwl yn galed am briodas Llinos. Mae hi'n cymryd yn ganiataol na fedra' i fod yno. Tybed?

Ebrill 29

Mi fues i'n Bida efo Don a Maeve y penwythnos yma. Mae'r ddau yn caru yn swyddogol rŵan, er bod pawb yn gwybod ers misoedd. Mi fues i'n trafod priodas Llinos efo nhw, ac maen nhw'n deud y dylwn i fynd ar bob cyfri'. Os ga' i rywun i newid pres efo fi ar y farchnad ddu, mi alla' i fforddio'r tocyn. Yn y banc, mae £1 yn gyfystyr ag un naira, ond ym mhobman arall, £1 = 4 naira. Pedwar can naira ydi'r tocyn, ac mae gen i dros ganpunt yn y banc adre.

Es i heibio i'r prifathro yn ei dŷ yn Bida wedyn, a myn coblyn i, mae Mrs Hassan wedi cael babi – y peth dela rioed. Wedi ysgwyd dwylo a llongyfarch ac ati, mi ofynnais Y Cwestiwn: 'Ga' i fynd adre am chydig?' Doedd o ddim yn gweld problem, cyn belled 'mod i'n paratoi llwyth o wersi i bawb cyn cychwyn. Mi fydd yn rhaid i mi fynd i Minna yn gynta i ofyn caniatâd ffurfiol gan yr Alhajis, ac mi gynghorodd fi i ddeud bod fy chwaer yn wirioneddol sâl. Falle y gwnân nhw fy ngwrthod i beth bynnag, ond dydw i ddim gwaeth â thrio. Mi fydda i'n colli fy nghyflog tra dwi i ffwrdd, ond dwi ddim ond yn pasa bod yno am ddeg diwrnod, sy'n golygu colli saith diwrnod o ysgol. Ydi o werth y drafferth? Ydi tad, mae hi'n chwaer i mi! Mi a' i i Minna ddydd Gwener a mynd yn syth o fan'no i Lagos os ga' i'r caniatâd.

Pan ddois i 'nôl i Gbara bore 'ma, roedd 'na filoedd o fangos ym mhobman. Dwi wedi cael tair llond sach arall, a llond gwlad o fananas gan yr hogia. Be sy' wedi dod drostyn nhw? Ge's i bwdin mango i frecwast, reis, nionod a mangos wedi'u ffrio i ginio, a dwi newydd fod yn gwneud mango squash. Dwi'n dechra syrffedu ar y blwmin blas, wir.

Mai 1

Dwi newydd fod yn gwrando ar uchelbwyntiau gêm bêl-droed Cymru v Sbaen ar y *World Service,* a Chymru enillodd 3 - 0! Ro'n i'n dawnsio o gwmpas y lle fel het. Dwi ddim hyd yn oed yn hoffi pêl-droed!

Dwi wedi dechra pacio – rhag ofn, rhyw ddillad cynnes ac ati. Dwi wirioneddol isio mynd rŵan ac mi ga' i goblyn o siom os na cha' i fynd.

Mi wnes i fwynhau bob gwers heddiw. Dwi'n cael cymaint gwell hwyl arni rŵan. A dwi wedi bod yn paratoi gwaith ar gyfer y pythefnos nesa 'ma fel dwn i'm be. Dwi'n disgwyl i bawb wneud defnydd helaeth o'r llyfrgell tra dwi i ffwrdd!

Mae Seyi yn hongian o gwmpas fel llo llygadfawr sâl eto. Be sy'n bod ar y dyn?

Mai 4

Dwi ar fy ffordd adre! Dwi ar yr awyren i Gatwick!

Ro'n i'n teimlo'n ofnadwy yn palu celwyddau wrth y *Commissioner* ei hun am ddamwain car ofnadwy fy chwaer. Fues i rioed yn un dda am ddeud celwydd noeth fel'na, ond mi weithiodd, mi ge's i ganiatâd, a dwi hyd yn oed wedi llwyddo i ddal awyren o Minna i Lagos, diolch i Marek y peiriannydd o wlad Pŵyl sy'n nabod y peilot! Ge's i docyn am hanner y pris!

Mae Yncl Wil wedi gadael Nigeria bellach. Roedd o wedi hanner sôn y byddai'n gadael ar ôl i ffrindiau da iddo gael eu lladd gan fandits yn Lagos. Dwi'n mynd i'w golli o go iawn.

Ge's i aros y noson efo'r Barnards ac mi adawon nhw i mi ffônio Mam. Mi gafodd ffit pan ddeudis i 'mod i ar fy ffordd adre, ond wedyn ge's inna sioc ganddi hitha.

'Fyddi di'n gallu aros tan Steddfod yr Urdd?'

'Go brin. Pam?'

'Ti wedi ennill y Goron!'
Wel, asiffeta, esgob mawr, *!%??*&!! Dwi'n methu coelio'r peth.
Ge's i'r bîb yn syth bin. Mi fu'n rhaid i mi feddwl am y peth yn go
sydyn, ond doedd 'na fawr o reslo efo 'nghydwybod. Gadael i
rywun arall gael eu coroni yn fy lle i? Dim ffiars o beryg. Dwi wedi
sgwennu at y prifathro yn egluro'r sefyllfa, na fydda i gartre tan
ddiwedd y mis, sori-o! Dwi'n siŵr y bydd o'n dallt . . . ?
  Mi fydda i yn Llundain bore fory. Kai. Anodd credu.

Mehefin 3
Dwi ar yr awyren ar y ffordd 'nôl i Gbara. A dwi'n edrych ymlaen
mor ofnadwy at weld y plant, yr ysgol, Don a Maeve a'r *Cool Spot,*
y coed palmwydd, yr afon, y bobol liwgar, hapus a setlo'n ôl i
weithio fel ffŵl i wneud iawn am golli'r holl amser.
  Do, ge's i amser da. Roedd y briodas yn grêt a Llinos yn edrych
yn stynar, ac roedd hi mor braf gweld y teulu i gyd, ac roedd hi'n
hwyl gweld y sioc ar wynebau pobol wrth gerdded drwy sgwâr
Dolgellau a glanio yn ddirybudd ar y criw sy'n gwneud ymarfer
dysgu yn Aberystwyth.
  Roedd diwrnod y coroni yng Nghaerdydd yn un o ddyddiau
mwya anhygoel fy mywyd i. Dwi rioed wedi bod mor nerfus yn fy
myw, a wnes i'm dallt tan y diwrnod cynt nad oedd gen i affliw o
ddim i'w wisgo! Mi fu'n rhaid i mi stwffio fy hun i un o ffrogiau
tyn Llinos yn y diwedd, a dal fy mol i mewn drwy'r dydd. Ro'n i
mor nerfus, mi godais ar fy nhraed cyn i'r utgyrn stopio canu. A bu
bron i'r goron ddisgyn oddi ar fy mhen i tra o'n i ar y llwyfan o
flaen y genedl. Mi ge's i fy holi'n dwll gan bobol fel Hywel
Gwynfryn a ge's i goblyn o sws fawr gan Nain – roedden ni wedi
deud wrthi hi er mwyn iddi gael dod efo ni. Roedd y diwrnod ar
ei hyd yn un hudol, hyfryd, bythgofiadwy. A'r profiad mwya od
oedd gweld fy ngwaith i mewn print!
  Ge's i fynd i ginio dathlu priodas aur Nain a Taid, cael llenwi
twll neu ddau yn fy nannedd, cael stoc newydd o dabledi
antihisthamine ac ambell bigiad cholera ac ati, torri 'ngwallt yn gall
a'i weld O efo hi. Roedd o'n brifo.
  Mi fues i'n siarad chydig am Nigeria efo plant cynradd y cylch,
yn dangos lluniau ac adrodd chydig o Nupe ac ati. Roedden nhw'n
byrlymu efo cwestiynau, ac yna mi ofynnodd un ferch i mi:

"Dach chi'n gwbod y plant du 'na? Oeddech chi'n eu twtsiad nhw?'

Eiliad o ddryswch yna, 'O'n, siŵr iawn.'

'YYYYYCH!'

Ro'n i'n fud. Mi wnes fy ngorau i gadw fy nheimladau dan reolaeth a deud yn reit blaen nad oedd 'na unrhyw wahaniaeth o gwbwl rhwng pobol ddu a phobol wyn. Ond ro'n i'n gallu gweld yn ei llygaid hi nad oedd hi'n fy nghredu i. Rhywun gyda llawer mwy o rym na fi wedi deud yn wahanol ryw dro, debyg.

Mi wnes i aros noson efo Katie yn Llundain, sy'n gobeithio y caiff hi ddod 'nôl. Mi wellodd y pennau duon o fewn dim ac mae hi'n bôrd allan o'i phen yn Llundain. Mi fasa'n braf, ond mae'r doctoriaid (a finna a bod yn onest) yn amau os fyddai hi'n ymdopi rywfaint gwell ar yr ail gynnig.

Mae mynd adre am gyfnod fel'na wedi rhoi bob dim mewn perspectif i mi. Dwi'n hapus yn Gbara a dwi am wneud y gorau o'r lle tra medra' i. Ro'n i'n methu peidio meddwl bod pawb gartre fel *zombies*, yn gaeth i'r teledu ac yn cymryd bob dim mor ganiataol. Ge's i lond bol o wylio'r bocs o fewn dim, er mawr sioc i mi. Roedd mynd drwy Euston yn uffern, yr holl bobol surbwch, llwyd a di-olwg yn gwthio heibio heb unrhyw fath o gyfarchiad. Pwy sy'n deud mai draw dros y don mae'r trydydd byd?

Mehefin 5

Dwi'n ôl yn Gbara! Es i heibio Sister Mary efo bocs o *Walnut Whips* a phecyn o *Dunhills*. Roedd hi wrth ei bodd efo nhw.

Cerdded at yr afon a sefyll yn stond. Roedd popeth wedi tyfu yn wyrddlas fendigedig a'r afon yn enfawr a budr. Croeso mawr gan bawb, yn enwedig y prifathro. Roedd o mor falch 'mod i'n ôl ac wedi ennill coron (wn i'm be oedd o'n ei ddychmygu!) ac mae o am ddeud wrth y *Ministry* 'mod i'n ôl ers talwm, fel na fydda i'n colli ceiniog o gyflog! Wynebau'r plant yn bictiwr, pawb wedi ofni na fyddwn i byth yn dod 'nôl.

Roedd y tŷ yn iawn, ar wahân i gachu cathod ar hyd bob dim, ac mae'r ardd yn anhygoel. Coed mango, yam a spinach at fy mhen ôl yno, i gyd wedi tyfu mewn mis, yn enwedig yn y darn fu'n 'gornel gachu' cyhyd! Ro'n i jest â chrio efo hapusrwydd llwyr pan orweddais i ar fy ngwely. Dwi wedi colli pawb mor ofnadwy.

Mehefin 10

Mae hi mor braf cael trefn ar betha eto. Mi fues i'n arolygu arholiadau Saesneg y plant cynradd echdoe, rhyw fath o *11 plus* sy'n penderfynu i ba ysgol uwchradd y cân' nhw fynd. Roedd y safon yn echrydus, a'r tadau yn sbio dros fy ysgwydd i bob munud, isio i mi roi marciau ychwanegol i'w Mohammed bach nhw. Mi geisiodd mwy nag un roi 'dash' i mi. Dim peryg washi. Dwi'n mynd i wneud hwn yn iawn. Sut alla' i arwyddo tystysgrif sy'n deud bod Yusuf yn gallu siarad a sgwennu Saesneg yn ddigon da i fedru ymdopi mewn ysgol lle mae pawb arall yn aruthrol o glyfar, ac ynta prin yn gallu deud faint ydi'i oed o? Fyddai gan y creadur ddim gobaith. Oni bai fod yr arolygwyr eraill i gyd yn derbyn 'dash' wrth gwrs. Mae hi mor anodd gwybod be i'w wneud mewn sefyllfaoedd fel hyn.

Dwi wedi plannu moron, pys a blodfresych yn yr ardd, a chan ei bod hi'n glawio bob nos, alla' i ddim peidio mynd i sbio'n ddyddiol rhag ofn bod 'na rywbeth wedi dechra tyfu. Dwi'n rhoi bob sosban a bwced sy' gen i allan dros nos i ddal y glaw, a bellach, mae'r tanc yn orlawn, ac mi fedra' i olchi a molchi hynny leicia' i.

Mae 'na hogyn bach o ddosbarth un, Mohammed Ibn Mohammed, wedi cymryd yn ei ben ei fod o am fy neffro i bob bore i wneud yn siŵr 'mod i'n iawn. Y peth ydi, mae o'n cerdded i mewn prin heb gnocio cyn 6.30 yn ddiffael, a 'nychryn i'n rhacs. Ro'n i'n cysgu'n sownd yn noethlymun gorn ddoe, pan glywais i o'n berwi'r tecell. Dwi rioed wedi newid mor gyflym yn fy myw. Dwi wedi trio deud wrtho fo nad oes angen edrych ar fy ôl i fel hyn, ond mae'n amlwg ei fod o'n cael mwynhad o'r peth, mae'n gwneud iddo fo deimlo'n bwysig mae'n siŵr. Neu ella mai jest colli ei fam mae o. Mae o'n ifanc iawn ei natur o'i gymharu â'r lleill, a chwarae teg, dydi o ddim yn gweld ei deulu am fisoedd ar y tro. Mae o'n un o'r criw sy'n dod o bentrefi sydd filltiroedd i ffwrdd, ac yn byw fesul hanner dwsin mewn tai bach mwd yr ochr draw i'r pentre. Ac mae o'n gwneud coblyn o baned dda!

Mae Gboya y Corff a Ladan yr athro hanes yn galw draw bron bob nos rŵan, a dwi wrth fy modd. Rydan ni'n cael sgyrsiau difyr am bob dim dan haul, a dwi'n berffaith hapus yn cael sbio'n slei ar Gboya bob hyn a hyn.

Dwi newydd orffen *The Sinful Priest* gan Zola. Dyna i chi be ydi llyfr da. Dwi wedi mwynhau bob gair ohono fo.

Mae pawb wedi bod yn gosod profion a marcio ers dyddiau, ond alla' i yn fy myw â rhoi prawf i ddosbarth 4; bob tro maen nhw gen i, mae'r prifathro yn eu hel o'na, a ge's i glywed heddiw mai er mwyn iddyn nhw olchi dillad ei deulu o mae o'n gwneud hyn. AAAAAAAAA!

Mehefin 18

Dwi wedi cael penwythnos a hanner. Doedd na'm ysgol ddoe na heddiw oherwydd y Sala, sef seremoni a gorymdaith flynyddol yr Emir – Brenin Bida. Felly dwi wedi cael penwythnos hir, hir, hyfryd efo Don a Maeve a chymysgedd anhygoel o bobol. Mae 'na griw o Siapaneaid yn gweithio yma am ychydig wythnosau. Dwi ddim yn siŵr iawn be maen nhw'n wneud, does ganddyn nhw fawr o Saesneg, ond am hogia clên. Gawson ni ein gwâdd i barti efo nhw nos Wener a phrofi bob math o fwydydd od a gwin Siapaneaidd oedd yn beryg bywyd.

Rydan ni wedi darganfod y *Bida Club,* sy'n hen adeilad a adeiladwyd gan y Prydeinwyr. Mae 'na fwrdd snwcer yno, ac mae'n debyg fod y llechan wedi dod yr holl ffordd o Gymru, ar gwch i lawr yr afon Niger rywbryd tua diwedd y ganrif ddiwetha – meddan nhw ynde. Mae 'na hen ŵr o India yn edrych ar ôl y lle, Dr Rama, dyn difyr ac academaidd iawn sy'n siarad Saesneg fel Katie.

Roedd y Sala ei hun heddiw, a dwi mor falch 'mod i wedi cael ei weld. Roedd yr orymdaith yn fendigedig, dynion hardd mewn gwisgoedd lliwgar ar gefn ceffylau Arabaidd wedi eu haddurno'n gelfydd, a'r Emir ei hun yn ddyn anferthol efo llygaid dwys yn seren y sioe mewn gwisg wen, swmpus ar gefn ceffyl gwyn. Roedd 'na drwmpedwyr mewn gwisgoedd coch a phinc llachar yn datgan ei fod ar ei ffordd, ac nid utgyrn cyffredin mohonyn nhw, ond petha hirion, main, nid annhebyg i utgyrn y Steddfod Genedlaethol. Diwrnod i'w gofio yn sicr.

Ddiwedd y pnawn, ge's i gynnig mynd i bentre o'r enw Mambe efo Pat, y ferch o Gernyw sy'n cadw golwg ar afiechydon yn y dŵr yma. Lifft ar gefn ei moto-beic oedd y cynnig – ac mi es i gyth. Roedd o'n brofiad a hanner. Roedd y ffordd yn echrydus, a 'nannedd i bron â disgyn allan, heb sôn am y cleisiau sy' bellach ar fy mhen ôl. Mae'n anodd credu mai fel hyn y bydd merched beichiog yn cael eu gyrru i'r ysbyty pan fydd y babi ar fin cyrraedd. Sut yn y byd maen nhw'n llwyddo i'w gadw i mewn?

Ro'n i wedi gwirioni efo'r pentre, yn enwedig pan ddeallais i mai hwn ydi pentre Gboya! Mi ge's i fy nghyflwyno i'r pennaeth, a thra oedd Pat yn archwilio dŵr yr afon, mi fu hwnnw'n fy holi'n dwll drwy gyfrwng yr unig ddyn oedd yn gallu siarad Saesneg yno. Roedd o isio gwybod os oeddwn i'n briod. Ddim yn briod? Faint oedd fy oed i? 23? Kai! Mi ddechreuodd chwerthin. Roedd hi'n hen bryd i mi gael gŵr a finna efo corff mor ddelfrydol ar gyfer mamolaeth. Ai wedi dod i Nigeria i chwilio am ŵr o'n i? Roedd o'n gwybod am sawl un fyddai'n rhoi pris reit dda amdana' i er 'mod i'n tynnu 'mlaen yn o arw. Mi lwyddais i fynd o'na efo ryw friwsionyn o urddas, dwi'n meddwl. Roedd Pat yn chwerthin cymaint pan o'n i'n deud yr hanes o gefn y moto, bu bron iddi yrru i mewn i fuwch.

Mehefin 21

Dwi wedi bod yn sâl ers deuddydd. Roedd fy mhen i'n brifo, fy esgyrn yn sgrechian, ro'n i'n crynu a chwysu, ond diolch i Nancy, ro'n i'n teimlo'n well ar ôl iddi fy llusgo yn ôl i Kutigi a fy nyrsio a rhoi cwrs o *Nivaquine* i mi. Ge's i lifft yn ôl i Gbara efo'r prifathro neithiwr a chysgu yr holl ffordd. Mi fues i'n cysgu drwy'r dydd heddiw hefyd, a dwi'n teimlo'n llawer gwell. Dwi'm yn siŵr be oedd o, ond roedd o'n teimlo'n union fel malaria.

Daeth criw o genod i 'ngweld i rŵan, isio'r dillad mae Katie wedi eu gadael. Es i â nhw i'r wardrob, ond troi eu trwynau wnaethon nhw a gofyn am fy nillad i yn lle! Dim peryg, dwi eu hangen nhw!

Dychryn pan ddois i o hyd i fag plastig efo potel o *Off,* y stwff cadw mosgitos draw, wedi gollwng ynddo fo. Roedd gen i frwsh dannedd ynddo fo hefyd, ond nid brwsh dannedd mohono bellach. Roedd y blewiach wedi toddi'n bwdin, a phlastig yr handlen wedi toddi yn siapiau gwirioneddol ffiaidd. Os ydi *Off* yn gwneud hynna i blastig, be goblyn mae o'n ei wneud i 'nghroen i?

Mehefin 24

Ro'n i ar ganol darllen ryw nofel *sci-fi* digon od o'r enw *Stranger in a Strange Land* rŵan, pan ge's i awydd diod o ddŵr. Es i i'r gegin at y pot pridd lle dwi'n cadw fy mhoteli *Tip-Top* llawn dŵr yfed (â'i hanner o'n llawn o ddŵr, mae'n gweithio fel math o rewgell; hynny yw, dydyn nhw ddim yn boeth). Ro'n i wrthi'n rhoi fy llaw i mewn, pan welais i rywbeth oedd yn edrych fel lwmpyn o faw. Ro'n i ar fin ei fflicio i ffwrdd efo fy mysedd pan sylwais i ar y gynffon. Sgorpion bach brown! Mi neidiais am y *ladle*/lletwad (– gair da, ond dwi'n cael trafferth dod i arfer efo fo) a'i golbio'n gelain. Ro'n i'n dal i'w stido a'r creadur yn bwdin rhacs ar y llawr. Roedd y gwaed yn pwmpio drwy 'nghorff i ac ro'n i'n crynu drwof. Dwi'n gwybod nad ydyn nhw'n gallu lladd, ond maen nhw'n brifo'n anhygoel a dwi ddim ar frys i fynd drwy'r profiad, diolch yn fawr. Ond ro'n i'n teimlo braidd yn euog er hynny.

Mae hi'n Ramadan rŵan, a phawb yn llwgu drwy'r dydd o'r wawr tan y machlud ac yna'n bwyta drwy'r nos. Felly mae gen i lwyth o blant yn cysgu'n sownd yn fy nosbarthiadau, heb gysgu winc y noson cynt. Bechod, oherwydd dwi'n mwynhau fy ngwersi yn aruthrol y dyddiau yma, wedi cael ryw egni rhyfeddol o rywle.

Mae'r mosgitos yn waeth nag arfer y dyddiau yma. Dwi'n gwisgo sgidie, sanau a bagiau plastig am fy nhraed tra dwi'n sgwennu hwn.

Mi fues i'n chwarae efo Ladida, babi newydd Mrs Hassan, pnawn 'ma. Ro'n i wrthi'n meddwl sut goblyn maen nhw'n ymdopi heb glytiau, pan deimlais i leithder cynnes dros fy nghoesau. Grêt. Diolch Ladida.

Mae 'na nionyn drwg wnes i ei daflu i'r domen bythefnos yn ôl wedi tyfu chwe modfedd. Ond does 'na'm golwg o foron na phys byth. Beryg eu bod nhw wedi boddi yn yr holl law 'ma. Dwi'n meddwl 'mod i wedi dod o hyd i'r blodfresych, ond dwi ddim yn siŵr chwaith.

Mi fu rhai o'r hogia yn fy helpu i symud y llyfrau yn y llyfrgell, gan fod 'na ddŵr at y pengliniau wedi cronni yno. Dwi'n amau'n gry' mai fan'na mae'r holl fosgitos 'ma wedi bod yn magu yn eu miliynau. Mi ge's fy mwyta'n fyw.

Mae 'na athro newydd wedi symud i mewn drws nesa. Heb ei weld hyd yma.

Mae hi'n glawio yn Wimbledon hefyd yn ôl y *World Service*.

Mehefin 25
Y boi Maths ddiflannodd o fewn dyddiau tymor diwetha ydi'r athro newydd. Mae'r *Ministry* wedi mynnu ei fod yn dod 'nôl, ac mae o'n flin, was bach. Sgrwb o foi.

Ge's i hwyl yn trio dysgu *question tags* i blwyddyn 3. Y cwbwl sy' raid gwneud ydi rhoi tag ar betha fel *'He is stupid'*. Hynny yw, y tag cywir ydi *'He is stupid, isn't he?'* A be dwi'n ei gael bron yn ddi-ffael? *'He is stupid, stupidn't he?'* *'She is here, heren't she?'* Maen nhw'n dallt petha digon cymhleth yn sydyn, ac yn gwneud môr a mynydd o betha syml fel'na. Mi wnes i iddyn nhw ganu *'isn't he, isn't she, aren't we'* a.y.y.b am oes, a doedden nhw ddim gwell. Mae'r rhai clyfar wedi hen ddallt wrth gwrs, ond mae'r 80% sy'n weddill ar goll yn llwyr. A dwi'm wedi dechra ar y gorffennol eto!

Mehefin 26
Wrthi'n gwrando ar y *Top 20*, yn cnoi cacen gri ac yn disgwyl i'r Earl Grey stwytho. Mae'n noson gynnes braf a dwi wedi cael diwrnod da a dwi mor fodlon fy myd. Pan fydda i gartre, mi fydda i'n gweddïo am nosweithiau fel hyn. Dwi newydd orffen straeon byrion Edna O'Brian a dwi am ddechra ar Brendan Behan nesa.

Doedd 'na ddim gwersi tan ar ôl brecwast heddiw, gan fod pawb yn gorfod gwneud *general work* fel cosb am beidio nôl dŵr i'r athrawon ddoe, neu yr athrawon sydd wedi bod yn rhy ddiog i roi bwcedi allan i ddal dŵr glaw. Cosb? Roedden nhw i gyd wrth eu boddau yn rhedeg a chwarae yn y gwair hir!

Dwi wedi gwneud y cacenni cri 'ma ar gyfer parti Sue Fry (un o griw Togo) nos Sadwrn. Gobeithio y bydd hi'n dywyll yno fel na sylwith neb ar y cynrhon oedd – ac sy'n dal yn frith – yn fy mlawd i. Duwcs, os ydyn nhw wedi eu coginio, wnân nhw'm drwg i neb. Mae'n goblyn o ffordd i Kuri, lle mae Sue yn byw, felly mae'r prifathro wedi caniatáu i mi ddod 'nôl ddydd Mawrth, a does gen i ddim gwersi ddydd Gwener, mae'n ŵyl Foslemaidd. Dwi wedi trefnu i fynd efo John Mabbs y Cockney, sy'n byw y tu draw i Kutigi. Dydi Don a Maeve byth yn mynd i nunlle rŵan.

Mehefin 28

Es i draw i Bida nos Iau, ac aros efo'r chwiorydd. Roedd y Tad Con wedi dod draw er mwyn trio fy nysgu i chwarae Bridge. Mae'r tri wedi bod yn swnian isio pedwerydd person ers oes mul. Mi wnes i fwynhau yn ofnadwy, ac ar un adeg roedd gen i 32 pwynt yn fy llaw. Tad Con a finna enillodd, er bod Sister Cleophas yn twyllo fel y cythraul. A hitha'n lleian yn ei hwythdegau! Maen nhw mor hwyliog, a hyd yn oed yn gollwng ambell reg go amrwd pan fydd y cardiau yn eu herbyn nhw. Welais i rioed ffasiwn beth.

Ge's i frecwast cynnar a galw heibio swyddfa'r post. Dwi'n dipyn o fêts efo'r dyn y tu ôl i'r cownter rŵan. *'Ah. You are here. You are late. Your watch done quench-o? Kai! Many many fat letters for you. And you have fat bag. Where for you dey go now?'* Dwi wrth fy modd yn trio siarad Saesneg 'pijin' fel'na, mae 'na gymaint o fiwsig ynddo fo.

Cyrhaeddodd John y *Cool Spot* toc ar fy ôl i, yn edrych fel ysbryd. Mae ganddo fo *amoebic dysentry* ac mae o'n cymryd deuddeg o dabledi y dydd, rhwng bob dim. Mae pawb yn gorfod cymryd dau Paludrin ac un chloroquin bob dydd yn ddeddfol yn y frwydr yn erbyn malaria, ac er bod y blas yn wironeddol ffiaidd, mae'n dod yn rhan o'r drefn naturiol yn sydyn iawn.

Er ei fod o'n amlwg yn diodde, roedd John yn mynnu ein bod ni'n mynd i Kuri. Mae ganddo fo gariad yno mae'n debyg, un mae'n ei gweld tua dwywaith y flwyddyn! Mi ddechreuon ni fodio, a be ddaeth heibio ond Mercedes mawr gwyn oedd yn gallu mynd â ni hanner ffordd i Jos.

Mi gyrhaeddon ni Jos erbyn nos, cyfarfod llwyth o VSOs eraill oedd hefyd ar eu ffordd i Kuri a mynd i'r Havana Club lle fuon ni'n bopio tan yr oriau mân. Fan'no ge's i'r newydd syfrdanol fod Kevin (hwnnw fu ar saffari efo fi) a'i fêt Adam wedi gadael Nigeria, Adam efo bilharzia a Kevin efo hepatitis. Ond mae'n debyg fod Kevin yn benderfynol o ddod 'nôl.

Mehefin 30

Bodio mewn criw o bedwar y bore hwnnw a llwyddo yn rhyfeddol. Roedden ni'n llwgu erbyn amser cinio, felly dyma fynd i *chop house* yn y *taxi park*. Doedd 'na ddim dewis, dim ond *pepe soup*. Mae *pepe soup* y *Cool Spot* yn hyfryd, felly mi gymerais i lond bowlen. Roedd o'n wirioneddol afiach. Dŵr llwydfrown yn union fel dŵr golchi sosbenni, a lwmp o rywbeth blewog yn nofio ynddo fo. Stumog gafr. Chwarae teg, dydw i ddim yn *squeamish* bellach, mi wnes i ei flasu, mi wnes i hyd yn oed drio cnoi y peth blewog 'na, ond roedd o'n ffiaidd. Mi fues i'n teimlo'n sal am oes wedyn.

Mi benderfynon ni gymryd tacsi i Kuri, a chyrraedd erbyn tua chwech. Am barti ! Ac am dŷ! Roedd 'na *generator* a golau trydan a rhewgell go iawn. Bobol bach, gawson ni hwyl. Mi gododd hi'n storm ryw ben ac aeth pawb allan i ddawnsio yn y glaw, glaw go iawn oedd fel bwced ar ôl bwced ar dy ben. Mi ddringais i goeden a dechra hongian o gangen gerfydd fy nghoesau, fel ystlum, a swingio 'nôl a 'mlaen i gyfeiliant Bob Marley. Mi benderfynodd pawb fod hynna'n edrych yn goblyn o hwyl. Daeth cant a mil ar y goeden efo fi ac mi dorrodd y gangen yndo. Frifodd neb, ond mae gen i grachod anhygoel y tu ôl i mhengliniau.

Panics mawr ben bore. Roedd y ffordd wedi troi yn afon, ac un fawr hefyd, un amhosib ei chroesi. Rhaid oedd mynd ar hyd ffordd arall, un hir, anial oedd heb ei defnyddio ers talwm. Daeth dyn ar gefn camel i'n cyfarfod a chwerthin am ben yr haid o *batures* (pobol wyn) oedd yn llwythog a blinderog, ond mi ddangosodd ble allen ni groesi'r afon yn weddol ddiogel. Lwcus fod pawb wedi arfer cario eu pacie ar eu pennau erbyn hyn.

Gawson ni i gyd lifft mewn lori ar ôl cyrraedd y ffordd fawr, a heno rydan ni'n aros efo dwy VSO o Garaku. Gawson ni omlet a thatws ganddyn nhw, a wir yr, wyddwn i rioed fod tatws wedi'u berwi yn gallu bod mor flasus. Mae'r tir y pen yma yn llawer mwy ffrwythlon nag yn Niger State, welais i rioed daten yn fan'no. Mae John a finna wedi prynu llond sach ganddyn nhw.

Gorffennaf 2

Mi gyrhaeddais i Gbara neithiwr (nos Lun) a syrthio i gysgu y munud 'nw. Pan ddeffrais i bore 'ma, ro'n i'n boenau drosta' i. Mi chwydais ddŵr i'r ardd ac wedyn mi fues i ar y lle chwech yn griddfan. Dyma afael yn fy llawlyfr VSO a cheisio dadansoddi'r symptomau. Mae'n swnio fel cholera ond mae'n siŵr mai dysentry ydi o. Methu bwyta drwy'r dydd. Mi es i'r ysgol yn hogan dda, i roi profion i ddosbarth 2 ond gorfod gadael y dosbarth bob hanner awr i riddfan mwy ar y pan a chnoi'r sinc yn y broses. Rargol, mae 'na rywbeth mawr yn bod arna' i. Rois i'r ffidil yn y to erbyn deg a mynd ar fy mhen i 'ngwely i feichio crio mewn poen. Mae gen i dymheredd o 102°. Dwi'n chwysu ac mae arna' i ofn.

Gorffennaf 3
Mi fues i'n sâl drwy'r nos. Ge's i fymryn o uwd bore 'ma er mwyn gallu cymryd fy nhabledi Paludrin, ond mi ddaeth yn ôl i fyny yn syth. Daeth y prifathro heibio toc wedyn, roedd o wedi clywed 'mod i'n sâl ac wedi dod â thabledi i mi o rywle. Mi stopiodd y rhedeg a'r poenau i raddau, ond mi es i'r clinig rhag ofn. Lle digon od ydi'r clinig, newydd ei adeiladu a neb o'r bobol leol yn mynd yno oherwydd mai Cristion sy'n rhedeg y lle. Roedd o'n siŵr mai malaria oedd o ac isio rhoi pigiad chloroquine i mi, ond dim ffiars o beryg mêt, medda fi. Dwi isio gweld os mai dysentry ydi o yn gynta. Mae'r tabledi 'na wedi gwneud gwyrthiau, mi lwyddais i roi profion i 3A, 3B a 3C, eu marcio a chofnodi'r marciau ar y daflen adroddiadau. Does gen i ddim ond prawf llên dosbarth 4 ar ôl rŵan.

Gorffennaf 4
Dwi'n well, ond ddim yn iawn. A dwi wedi cael coblyn o sioc. Ni fydd fy nisgyblion gorau yma flwyddyn nesa. Maen nhw i gyd yn cael eu symud 'mlaen i ysgol yn Bida. Yunusa, Yakubu, Mohammed, Haruna, Aliyu – bob un wan jac o'r rhai yn nosbarth 3 oedd yn bleser i'w dysgu. Dim ond gwaelod y bwced sydd ar ôl i'w llusgo drwy'r arholiad WAEC. Dydi o ddim yn deg. Mi ddylwn i fod yn falch drostyn nhw, dwi'n gwybod, ond dwi jest yn mynd i'w colli nhw mor ofnadwy.

Gorffennaf 7
Mi fues i yn Minna am y penwythnos, a chael cyfle i ffônio adre o swyddfa'r NET. Dim ond tri munud allwn i fforddio felly mi siaradodd Mam fel melin wynt, chwarae teg. Maen nhw'n y gwair, aeth arholiadau pawb yn iawn, mae Glesni yng Nglan-llyn, a Llinos yn disgwyl, Dad byth wedi llwyddo i ddysgu 'Hiawatha' ar gyfer y Steddfod ac yn dechra mynd yn bifish, ac mae *Pais* wedi cyhoeddi'r erthygl yrrais i atyn nhw. Grêt!

Ge's i lythyr gan y Barnards o Lagos, un digon difyr efo hanes pawb. Maen nhw wedi prynu ci hefyd. *'We chose a bitch and called it Beth.'* Digri iawn.

Siwrne ddifyr iawn ar y canŵ ar y ffordd 'nôl: dau foi yn mynnu dod â'u moto-beics draw ynddo fo. Sôn am strach. Roedd hi'n goblyn o job eu cael nhw i mewn i'r canŵ, heb sôn am gadw popeth yn sych ar y ffordd drosodd. Bron i ni droi drosodd deirgwaith, a pherchennog druan y canŵ yn cael cathod.

Gorffennaf 13

Wedi cael wythnos ffrantig, wirion bost. Daeth papurau arholiad y *Ministry* o'r diwedd. Rydan ni wedi eu gosod a'u marcio a llenwi'r cant a mil o ffurflenni ddaeth efo nhw. Ge's i ffit pan welais i'r papur llên. Do'n *i* ddim yn gallu ateb unrhyw un ohonyn nhw. Ro'n i jest â chrio nes i mi sylweddoli mai papur ar gyfer dosbarth 3 oedd o, efo llyfrau gosod hollol wahanol, a dydi'n dosbarth 3 ni ddim yn gwneud llên.

Ro'n i wrthi'n llenwi y ffurflen ola' pnawn 'ma, pan glywais i sŵn car – rhywun wedi dod i weld y prifathro. Mi redais allan a gofyn reit ddigywilydd os gawn i lifft i Kutigi. Dim problem. Rhedeg 'nôl i'r tŷ i hel fy mhetha a thaflu gweddillion y cyrri hyfryd ge's i i ginio i'r cathod.

Wrth fynd trwy Sakpe, mi sylwais fod drws tŷ Don yn agored, a phenderfynais stopio fan'no. Haleliwia, pwy oedd yno ond Maeve a John hefyd! Doedd gan Don ddim tamed o fwyd yn y tŷ, felly byw ar kooli-kooli fuon ni drwy'r nos, rhyw betha caled brown wedi eu gwneud o gnau mwnci. Ro'n i'n diawlio wrth feddwl am y cathod yn sglaffio fy nghyrri. Roedd y *World Service* yn darlledu *Live Aid* yn fyw, ac roedd o'n swnio'n hollol briliant. Mi fasa wedi bod yn braf cael bod yno, neu ei weld ar sgrîn deledu, ond dyna fo.

Mae Don a Maeve wedi cael caniatâd i aros blwyddyn arall. Dwi mor falch. Mi fydd 'na bobol newydd yn cyrraedd yn yr hydref, ond allai neb lenwi sgidiau y ddau yma. Mae John yn mynd adre ymhen pythefnos. Mae dwy flynedd yn hen ddigon iddo fo. Mae o'n colli ei *home comforts* medda fo, *'and I'd rather 'ave a plate o' cod 'n chips than get me leg over, even.'*

Trafod Katie. Dydi hi ddim wedi sgwennu at neb ers misoedd.

Gorffennaf 24

Mae'r tymor wedi dod i ben, pob arholiad wedi ei farcio – a dim ond un basiodd yr arholiad llên. Dwi wedi bod yn pasio'r amser yn darllen *Anna Karenina* gan Tolstoy ac wedi ei fwynhau, was bach. Dyna'r nofel ora' i mi ei darllen ers i mi fod yma.

Dwi'n dal ddim yn iach iawn, ond mae gen i chwe wythnos o 'mlaen i wneud be fynna' i. Dwi am fynd i Kano am chydig i wneud y cylchgrawn VSO Nigeria – fi ydi'r golygydd newydd – ac yna draw i Kenya am o leia pythefnos gobeithio. Mae pris tocyn yn rhesymol iawn o be dwi'n glywed. Yr unig broblem sy' gen i ar hyn o bryd ydi be i'w bacio ar gyfer chwe wythnos. Dwi'm isio mynd â gormod, mi fydda i'n gorfod cario'r bag 'ma am filltiroedd, ond mae chwe wythnos yn gyfnod mor hir. Mae Mohammed Zhitsu yn mynd i ofalu am y tŷ a'r cathod, a dwi wedi rhoi crys T iddo fo'n bresant.

Gorffennaf 30

Dwi wedi cyrraedd Kano, ond mae'r rhan fwya o VSOs wedi gadael am Kenya, Cameroun, Togo, adre ac ati yn barod. Mi gymerais i fy amser yn dod yma, ge's i hyd yn oed gêm o golff efo hogia Biwaters yn Minna, a llwyddo i golli tair pêl.

Es i i swyddfa'r VSO ddoe, yn edrych ymlaen at y wledd o erthyglau amrywiol a difyr, ond y cwbwl oedd yn y bocs oedd erthygl yr un gan Don a Maeve, nodyn gan Sue Fry a Claire Leandro yn deud lle fyddan nhw yn Kenya a phryd, a phecyn o gawl madarch. Beryg y bydd raid i mi sgwennu'r cwbwl fy hun. Dwi wedi gwneud y clawr a sgwennu'r golofn olygyddol. Bydd raid cael ysbrydoliaeth i feddwl am unrhyw beth arall.

Mi fachais i'r cyfle i alw heibio i'r syrjeri er mwyn setlo'r salwch 'ma unwaith ac am byth, a chael profion gwaed a dŵr ac ati. Toc, mi alwodd y doctor arna' i i ddod i mewn i'r lab. Ge's i weld y pryfyn bach aflonydd 'ma dan y meicrosgop. Rhyw *barasite*. Dyna sy' wedi bod yn gyfrifol am yr holl boenau 'ma, y sinach bach hyll. Ge's i lwyth o dabledi a dwi'n teimlo'n well yn barod.

Es i'n ôl i'r *Tourist Camp* y noson honno, dod o hyd i ddau VSO a'u perswadio i sgwennu rhywbeth bach, jest hanner tudalen, plis? A duwcs, mi wnaethon. Mi fues inna'n sgwennu tudalen am fy neg ucha o blith llyfrau llyfrgell VSO, parodi ar *'Memories'*, dwyn dyfyniadau o *The Trouble with Nigeria,* Chinua Achebe a phob math o sgrwtsh fel bod 'na rywfaint mwy na dwy dudalen yn y cylchgrawn. Ew, 'nes i fwynhau hefyd.

Mi wnaeth Nene yr ysgrifenyddes deipio'r rhan fwya ar stencil heddiw, ac mi ddylai'r cwbwl fod yn barod fory. Gwych, ga' i fynd i Lagos wedyn, ac ymlaen i Nairobi. Dwi jest â drysu isio mynd ar saffari go iawn, gweld y Masai Mara a phob dim fel'na.

Awst 1
Dwi'n ôl yn Bida yn aros efo Frankie. Oherwydd i mi gael 40 naira o gostau am wneud y cylchgrawn, ge's i dacsis yr holl ffordd, ond jest ar ôl Izom, a hitha'n dechra tywyllu, gawson ni ddamwain. Mi redodd hogyn bach yn syth o flaen y car ac ynta'n dyrnu mynd tua 70 milltir yr awr. Mi darodd y gyrrwr y brêcs yn syth, ond doedd ganddo fo ddim gobaith. Mi gafodd y bachgen ei daflu i'r awyr fel doli glwt a glanio tua phum llath o lle stopiodd y car efo sgrech o rwber. Rhedodd pawb allan yn syth, roedd 'na ryw chwech ohonon ni yn y tacsi; dwi wedi gwneud rywfaint o gymorth cynta, ond wyddwn i ddim lle i ddechra efo hwn. Roedd 'na waed yn dod allan o'i geg a'i glustiau, ac mi ge's i'r teimlad nad oedd y bobol leol am i neb gwyn ei gyffwrdd. Mae'r hen ofergoelion yn llifo'n ôl mewn sefyllfaoedd fel'na.

Roedd y gyrrwr yn beichio crio, ond roedd tawelwch pawb arall yn codi croen gŵydd arna' i. Roedd ffrindiau a pherthnasau'r hogyn bach wedi hel o'i gwmpas, ond doedd neb yn crio, neb yn gwylltio, dim ond syllu arno fo fel tasen nhw erioed wedi'i weld o o'r blaen. Mi gododd y gyrrwr y bachgen yn ei freichiau a deud ei fod am fynd â fo yn syth i'r ysbyty yn Bida. Cafodd ei roi ar lin y dyn yn y sedd flaen, ac roedd gweddill y daith yn hunllef. Neb yn deud gair, y gyrrwr yn dal i grio a sŵn ratlo yn dod o wddw'r bachgen. Roedd o'n dal yn fyw pan gyrhaeddon ni'r ysbyty, ond does gen i ddim syniad be ddigwyddodd iddo fo wedyn.

Awst 3
Dwi wedi cyrraedd Lagos a dwi'n aros efo Dee Crabb a'i theulu, sef y rhai fuon ni'n aros efo nhw tra oedd Dad yma. Mae Pete, ei gŵr, yn gyfrifydd gyda 7UP a fo hefyd ydi gohebydd Nigeria i'r *Financial Times.* Mae ganddyn nhw dri o blant annwyl iawn:

Graham sy'n ddeg, Victoria neu 'Toria' sy'n wyth, a Lindsay sy'n gariad bach dwy a hanner. Cês ydi Dee, dwi erioed yn fy myw wedi cyfarfod unrhyw un sy'n deud ei meddwl mor ddiflewyn-ar-dafod. *'Get in that shower NOW! You're filthy – and don't touch anything until you're clean and human again!'* Roedd hi'n llygad ei lle. Ge's i ffit pan welais i fy hun yn y drych. Chwarae teg, roedd gen i afr ar fy nglin yr holl ffordd o Ilorin.

Ge's i ffônio gartre, ond does 'na fawr ddim yn digwydd yno. A deud y gwir, mae o'n swnio'n gwbwl ddiflas. Ro'n i wedi meddwl mynd adre dros y Dolig, ond dwi'n gweld rŵan mai gwastraff pres ac amser fyddai hynny. Mi fydda i yno'n ddigon buan, ac mae 'na gymaint mwy o'r cyfandir 'ma i'w weld.

Gawson ni gig eidion i swper, ac roedd pawb yn cwyno bod y cig yn 'tyff'. Fedrwn i ddim peidio gwenu. Hwnna'n tyff? O'i gymharu â chig Gbara, roedd o fel candi fflòs. Does ganddyn nhw ddim syniad.

Awst 7

Wedi bod yn swyddfa Pan Am, ac wedi prynu fy nhocyn i Nairobi a dwi'n hedfan ar y trydydd ar ddeg. Mi faswn i wedi licio gallu mynd yn gynt, ond dwi'n mwynhau fy hun yn iawn yn fa'ma efo partis diddiwedd, a'r *Mah-Jong Mornings* efo'r lêdis a G&Ts drwy'r dydd. Dwi wedi gwirioni efo'r plant a 'dan ni'n cael chwarae yn y pwll nofio bob dydd.

Mae gan bawb o'r *ex-pats* 'ma bwll nofio yn yr ardd, a stiward i'w gadw'n lân, a *chauffeur,* a morynion, a *chef,* a *security guards* efo gynnau ac ambell un efo gwaywffon. Mae'r peth yn ffiaidd yn y bôn, a dwi'n gwneud pwynt o siarad yn barchus efo bob un stiward, ond wnaiff y *security guards* ddim sbio arna' i. Mae 'na fileindra dwfn yn eu llygaid nhw. Mae John y *chauffeur* yn deud mai'r rheswm am hynny ydi eu bod nhw wedi gweld erchyllterau na allwn i byth eu dychmygu, yn ystod rhyfel Biafra. Roedden nhw i gyd yn filwyr yr adeg honno.

Pan ddeudais i wrth Victoria 'mod i'n mynd i Kenya, agorodd ei llygaid fel soseri. *'You're going? But I love you!'* Toddi? Ro'n i fel menyn mewn meicrodon.

Mae Pete wedi trefnu bod un o'i ffrindiau gwaith yn mynd i 'nghyfarfod yn Nairobi. Roedd o yma tra oedd Dad yma, a dwi'n ei gofio'n iawn: Albanwr annwyl tu hwnt. Dwi'n teimlo braidd yn ddigywilydd am y peth. Dydi ei wraig o rioed wedi 'nghyfarfod i naddo, a sut fydd hi'n teimlo am hyn?

Awst 15

Dwi ar y trên i Mombasa ! Roedd Doug a'i wraig Jean yn ffantastig efo fi, ge's i groeso cynnes a chael gweld y Rift Valley a chrwydro Nairobi efo nhw. Mae'r lle mor lân a threfnus, bron fel tref yn Ewrop, ac mor wahanol i Lagos, sy'n dwll tin y byd. Ond does gan y Kenyans mo'r un bywiogrwydd â'r Nigerians, os mai dyna'r gair. Mae'r Nigerians yn swnllyd a balch, mae'r rhain fel tasen nhw wedi eu dofi rywsut. Ond ella ei bod hi'n wahanol allan yn y wlad.

Roedd hi'n brofiad anhygoel deffro ar y trên am saith y bore a gweld llwyth o sebras a jiraffs a *water buffalo* a gaséls yn gwibio heibio. Ro'n i'n amau am funud 'mod i'n dal i freuddwydio. Dwi'n bendant am ddod 'nôl yma pan fydd gen i fwy o bres i fynd ar saffari go iawn. Maen nhw braidd yn ddrud i mi rŵan. Dwi wedi gweithio allan mai £2 y dydd sydd gen i i'w wario ar fwyd a llety os dwi am wneud yn siŵr fod gen i ddigon o bres i deithio'n ôl i Nairobi. Mae o'n swnio'n pathetig, ond dwi'n gwybod y galla' i ei wneud o. Mae gwesty ar ynys Lamu yn rhad fel baw meddan nhw, a dwi ddim yn pasa bwyta llawer.

Awst 20

Wnes i'm trafferthu i aros yn Mombasa. Llawer gormod o dwristiaid yno, a'r prisiau yn dangos hynny. Es i'n syth ar y bws i Malindi a dwi wedi cael amser braf yn yr hostel ieuenctid yn fan'no yn torheulo a nofio a byw ar samosas. Doedd o'n ddim ond £1.50 y noson, ond dwi dros fy *budget,* felly mae'n rhaid i mi gael rhywle rhad yn Lamu a llwgu fy hun!

Ro'n i'n gwybod bod Sue a'r criw ar eu ffordd i Malindi, ac mi gyrhaeddon nhw echdoe. Mae hi'n braf eu gweld nhw, ond dwi'n casáu gwyliau 'criw'. Fel'na dwi wastad wedi bod, a fel'na fydda i. Pan ti'n teithio ar dy ben dy hun, ti'n gweld cymaint mwy ac yn cyfarfod cymaint mwy o bobol oherwydd ei bod yn haws dechra siarad efo rywun ar ben ei hun. Dyna'r rheswm syml. A dyna pam do'n i ddim am deithio efo nhw o Nigeria. Dwi wedi arfer cymaint efo fy nghwmni fy hun, dwi'n amddiffynnol iawn ohono fo.

Wedi deud hynny, gawson ni ddiwrnod bendigedig ddoe yn snorclo yn y coral reef. Roedd 'na bysgod o bob lliw a llun yno, a wnes i weld octopws bach pinc hyd yn oed. Yr unig broblem ydi 'mod i wedi cael briw haul ar fy ngwefus a dwi'n teimlo fel Donald Duck.

Rydan ni ar y bws i Lamu rŵan. Mae'n siwrne pum awr at y cwch, ac mae 'na eifr, ieir a phob math o betha ar y bws 'ma.

Awst 28

Dwi ar y trên yn ôl i Nairobi, yn frown, yn fodlon ac efo crachen fel Cadair Idris ar fy ngwefus. Mae Lamu yn fendigedig – ynys nefoliadd, heb ei difetha eto ac yn llawn dylanwad y Moors a'r Portiwgeaid fu yno am ganrifoedd. Mae hi mor fach; dim ond dau gar sydd ar yr ynys a does mo'u hangen nhw. Mae pawb unai yn cerdded, yn mynd ar gefn mul neu ar y *dhows* – cychod hwylio fel rhywbeth o'r ganrif ddiwetha. Bob hyn a hyn, bydd merch mewn *purdah*, yn glogyn ddu o'i chorun i'w sawdl yn brysio heibio fel ysbryd, gan sbio ar y llawr drwy'r bwlch bach lleia yn y glogyn. Sut fywyd sydd ganddyn nhw, tybed?

Aeth y lleill am stafelloedd crand – mae ganddyn nhw gymaint mwy o bres na fi – ond mi ge's aros ar do gwesty o'r enw Polé Polé am 60c y noson. Roedd o'n hyfryd. Does 'na'm mosgitos yma a dydi'r nosweithiau ddim yn chwyslyd glòs fel yn Gbara. Yr unig boen oedd 'mod i'n cael fy neffro am bedwar bob bore gan y Muezzin yn gweddïo ar Allah o uchelseinydd tua degllath o 'nghlust i, ac eto am bump, a chwech, a saith . . .

Mi fuon ni'n hwylio, yn sgota, yn joio mas draw a dwi wedi mwynhau bob eiliad. Mi welais y dyn prydfertha yn y byd yn cerdded ar hyd y traeth. Roedd o fel duw, a bu bron i mi sathru ar fol ryw dorheulwr bach diniwed, gan na allwn i dynnu fy llygaid oddi arno. Ge's i orchymyn gan Sue i roi fy nhafod yn ôl mewn. Toc wedyn, mi gerddodd heibio eto, law yn llaw efo dyn arall. Ro'n i isio crio.

Gawson ni i gyd sioc a hanner ddoe. Digwydd bod mewn caffi oedd â'r *World Service* ymlaen a chlywed, yn glir fel grisial, bod 'na *coup* wedi bod yn Lagos. Mae'r Arlywydd Buhari wedi ei garcharu, os nad ei saethu, ac mae'r maes awyr wedi cau. Dwi fod i fynd yno ymhen tridiau!

Medi 18

Ar ôl cyrraedd Lagos – a hynny yn gwbwl ddidrafferth, doedd pobol ddim wedi sylwi bod 'na *coup* wedi bod, roedd o wedi digwydd mor dawel – ge's i chydig o ddyddiau efo Dee a'i theulu cyn y daith hir yn ôl am Gbara. Mi ge's i aros efo Annette a Meg, dwy genhades o ochrau'r Amwythig tra oeddwn i'n Bida, ac Amenio cyn swper a brecwast. Dal y bws i Dancitagi y bore wedyn a chael coblyn o fraw. Ro'n i'n disgwyl gorfod cario fy mag tunnell am y milltiroedd arferol, ond jiw, ar ôl ryw ddau can llath, dyna lle'r oedd yr afon! Mae'n rhaid ei bod hi wedi glawio'n arw ers i mi fynd. Felly ploncio fy mag yn y canŵ a chael amser gwych yn symud yn araf drwy dopiau'r coed, a gweld llwythi o las y dorlan bendigedig, un efo pig oren llachar, a theimlo 'mod i'n cymryd rhan mewn ffilm, rywsut. Erbyn cyrraedd Gbara, roedd fy mhen ôl i'n stiff fel procar. At y tŷ . . . Mymryn o gachu cathod fan hyn fan draw ond dim 'miaw' yn unman. Llygoden ddu wedi boddi mewn bwced ers wythnosau, *weevils* wedi ymgartrefu yn fy mhacedi cawl *minestrone* ac *oxtail*. Ar wahân i'r manion betha hyn, mae'r tŷ mewn stad reit dda. Mynd ati i sgwrio a sgubo a golchi 'nillad a rhoi trefn ar yr ardd. Bu farw y pys a'r blodfresych ond dwi newydd blannu mwy o bys, a chabej hefyd y tro yma.

Tra o'n i'n golchi llestri fore Sadwrn, mi glywais i 'miaw' bach pathetig y tu ôl i'r wal. Allan â fi yn fy nghoban. Bili! Hogan ydi hi wedi'r cwbwl, gyda llaw. Clywed gan un o'r hogia wedyn bod Zit wedi marw. Diolch byth ddeuda' i, fu'r gath yna rioed yn llawn llathen, ond mae Bili yn hyfryd. Mae hi wrth ei bodd yn cael mwytha gen i ac yn fy nilyn i bobman fel oen swci. Er ei bod yn fy maglu bob munud, dwi'n falch ofnadwy o'i chwmni hi.

Roedd 'na 19 llythyr yn fy nisgwyl, dau digon trist gan Katie, a chasét gan un ffrind efo mwy o ddychymyg na'r gweddill. Roedd 'na ddagrau yn fy llygaid wrth wrando arno fo. Ge's i bacedi o sawsiau hefyd, a 5 Quality Streeten wedi'u gwasgu'n rhacs ond yn gwbwl fwytadwy. Ge's i un llythyr o Ffrainc oedd wedi ei bostio fis Tachwedd: deg mis yn ôl! Ge's i lythyr gan Seyi hefyd, yr un oedd yn fy ngyrru i i fyny'r wal. *'You made my stay enjoyable. Please write.'* Wel myn diawl. A'r cwbwl roedd o'n ei gael gen i oedd abiws a 'cer i grafu'. Dwi'n teimlo'n gymaint o hen ast rŵan, ond dydw i ddim yn pasa sgwennu chwaith neu mi fydd o yma fel shot.

Roedd yr ysgol i fod i ddechra echdoe. Felly wir? Roedd 'na 5 athro a 30 disgybl. Dydd Mawrth, daeth yr hen brifathro draw, oherwydd dydi'r un newydd ddim yn pasa dod tan ddiwedd y mis, os gwelwch chi'n dda. Hefyd, roedd yr arolygwyr ar eu ffordd yma. Gofynnwyd i mi gyfansoddi adroddiad o'r cyfarfod staff roedden ni fod i'w gael yn ystod y gwyliau, ac ew, am hwyl. Malu cachu go iawn, ond roedd yr arolygwyr yn berffaith fodlon efo fo.

Yn y cyfamser, dydi'r *Ministry* ddim wedi trio dod o hyd i athro Saesneg i'm helpu i. Mae 'na athro *commerce* wedi dod ac wedi mynd – mi fynnodd na allai aros yma. Dwi felly yn dysgu iaith a llên i ddosbarthiadau 4 a 5 a cha' i ddim amser i ddysgu y rhai bach, fy ffefrynnau. Dwi'n flin, a dwi'n deud rŵan, yn blwmp ac yn blaen, os na cha' i *job satisfaction,* dwi'n mynd adre. Mae hyd yn oed mwy o'r disgyblion gorau wedi cael eu symud i ysgolion gwell, felly gwaden gwaelod y gasgen sy' gen i, a dwi fod i'w helpu i basio lefel O! Byth bythoedd. Dwi'n bôrd allan o 'mhen ar hyn o bryd achos does 'na neb o gwmpas na dim i'w wneud ac mae 'mhen ôl i'n brifo ar ôl eistedd ar y cadeiriau anghyfforddus 'ma yn darllen llyfr ar ôl llyfr. Dwi wedi sgwennu saith llythyr chwe thudalen yr un yn barod.

Ge's i goblyn o siom arall hefyd. Mae Gboya wedi fy ngwahodd i i'w briodas fis Rhagfyr. Mae ei ddyweddi yn 16 oed, ac felly mae'r *bride price* yn goblyn o ddrud medda fo, yn fil naira. Mae'r pris yn mynd yn is unwaith mae merch dros ei deunaw. Holais faint faswn i'n ei gael a finna'n 23. Ugain kobo medda Gboya, a chwerthin nes oedd y dagrau'n powlio. Hy.

Dwi'n bwyta fel hwch felly dwi wedi dechra gwneud aerobics bob nos cyn tywallt bwced o ddŵr drosta' i. Sôn am stêm.

Mynd i Bida ac ymlaen i Minna fory oherwydd :
1. Dwi'n bôrd.
2. Isio gweld Don a Maeve.
3. Adnewyddu *residence permit.*
4. Galw heibio Biwaters.
5. Swopio tun paent mawr am lot o rai bach i mi gael dechra paentio murlun.
6. Dwi jest a drysu isio peint OER!

Mae'r mosgitos yn uffernol. Dwi'n cael fy mhigo dros bobman felly mae'r holl liw haul yn cael ei grafu i ffwrdd, a does 'na neb wedi'i weld o eto.

Medi 20

Downar go iawn ddoe. Isio mynd adre yn ddychrynllyd. Ond dwi'n well heddiw.

Rhesymau dros fod yn flin ddoe: mae lefel y dŵr wedi disgyn, felly aeth y canŵ yn sownd ar y ffordd i Dancitagi, ac ar goll mewn cors. Roedd pawb yn gorfod mynd allan i wthio'r blydi peth. Am sioe. Ro'n i'n fwd a gwaed a splintars drosta' i a'r pryfed yn gwledda fwy nag erioed. Jest â chrio. Uffar o beth ond ge's i'r pang mwya ofnadwy – ro'n i jest â drysu isio gweld rywun gwyn.

Ond dwi'n Minna rŵan, yn aros efo'r teulu o Wlad Pŵyl. Ge's i fy meddwi ganddyn nhw neithiwr. Llyncu un vodka ar ôl y llall a gweiddi'r 'Nastroviem!' gorfodol eto cyn pob clec. Chwydu llond gardd eto. Allwn i byth fyw yng Ngwlad Pŵyl.

Mi ge's i adnewyddu fy mhapurau i gyd yn y *Ministry*, a chael llwyth o lafoerwyr a darpar odinebwyr yn fy haslo yn y broses. Rargol, mae o'n mynd ar fy nerfau i go iawn rŵan. Roedd o'n eitha digri pan ddois i yma gynta, ond ar ôl blwyddyn ohono fo, dydi o ddim yn ddigri o gwbwl.

Medi 25

O'r diwedd, dwi'n dechra setlo eto a dod i arfer efo'r ffordd o fyw yn Gbara. Mae 'na fwy o blant wedi cyrraedd, felly mae gen i fwy o waith a llai o amser i hel meddylia. A dwi'n darllen a sgwennu fel ffŵl eto, ac wedi dechra ar y murlun, sef llun o draeth a choed palmwydd ac ati.

Mae'r prifathro newydd wedi cyrraedd, ac mae'n ddyn tal, urddasol, hynod o glên. Dwi wedi cymryd ato fo. Mae ganddo fo gynlluniau mawr a dwi o'u plaid nhw bob un. Mi fydd ei deulu yn cyrraedd ymhen ychydig wythnosau medda fo.

Hydref 2

Pryd ydw i'n mynd i ddysgu dwch? Mi wnes i wahodd Mr Mensah a Mr Ogbodjor y ddau athro o Ghana i swper heno, a pharatoi gwledd o grempogau wedi'u stwffio efo ffa, nionod ac ati, a phwdin reis i bwdin. Ond dydyn nhw ddim yn gwerthfawrogi bwyd fel'na. Mi fuon nhw'n chwarae efo fo am chydig a ryw hanner cnoi er mwyn bod yn glên, ond ro'n i'n gallu gweld eu bod nhw bron â marw isio chwerthin. *Pepe Soup* efo hanner tunnell o chillis y tro nesa. Ond gawson ni noson dda o drafod a sgwrsio a sôn am y swydd *financial management* mae Katie wedi'i chael yn Llundain.

Mae Neil Kinnock yn traethu o gynhadledd y Blaid Lafur yn Bournemouth ar y radio rŵan. Mae o'n siarad yn eitha da hefyd. Siawns na chaiff o wared â'r hen Fagi 'na; mae pawb fan hyn yn ei chasáu hi ers y busnes 'na efo Diko, y boi gafodd ei ddarganfod mewn bocs mewn cargo hold awyren ar ei ffordd 'nôl i Nigeria. Roedd 'na bobol bwysig fan hyn am ei waed o, oherwydd ei fod o wedi dwyn ffortiwn o bres y wlad, ond mi fynnodd Magi ei gadw ym Mhrydain.

Mi fues i'n paratoi fy ngwersi *West African Verse* heddiw, a gwirioni efo cerdd *'The Vultures'* gan David Diop:

In those days
When civilisation kicked us in the face
When holy water slapped our cringing brows
The vultures built in the shadow of their talons
The bloodstained monument of tutelage.
In those days
There was painful laughter on the metallic hell of the roads
And the monotonous rhythm of the paternoster
Drowned the howling of the plantations.
Of the bitter memories of extorted kisses
Of promises broken at the point of a gun
Of foreigners who did not seem human
Who knew all the books but did not know love.
But we whose hands fertilize the womb of the earth
In spite of your songs of pride
In spite of the desolate villages of torn Africa
Hope was preserved in us as in a fortress
And from the mines of Swaziland to the factories of Europe
Spring will be reborn under our bright steps.

O'r diwedd, gwaith fydd yn golygu rywbeth i'r plant 'ma. Dwi wedi 'laru trio egluro be ydi *'a host of golden daffodils'*.

Hydref 4

Roedd dosbarth 4 wrth eu boddau efo'r gerdd, ac ar ddiwedd y wers, ge's i goblyn o glap a chorws o *'Well done!'* Es i'n goch i gyd.

Daeth Mr Ogbodjor draw heno am gêm o Scrabble, a 'nghuro fi'n rhacs.

Hydref 13

Ge's i benwythnos ffantastig, ac mae 'mhen i fel bwced rŵan. Roedd Wendy wedi fy ngwahodd i barti yn Ilorin, ac roedd hogia Biwaters yno, gan gynnwys Terry o Awstralia. Terry gwallt melyn, llygaid glas fel Mel Gibson. Mae o'n ofnadwy o swil, a finna prin yn gallu rhoi brawddeg gall at ei gilydd o'i flaen am 'mod i mor ymwybodol o'i lygaid o. Mae'n siŵr ei fod o'n meddwl 'mod i'n rîal het. Ond fo oedd fy mhartner Trivial Pursuits i bore 'ma, ac roedden ni'n gwneud coblyn o dîm da. Maen nhw'n cael parti arall toc, a dwi wedi addo yr a' i yno. Fedra' i ddim disgwyl.

Ge's i dacsi o Jebba i Bida, a chael fy mhoeni gan y gyrrwr hyll, canol oed yr holl ffordd. Roedd o isio dod 'nôl i Gbara efo fi. Dim ffiars o beryg, medda fi, ond roedd o'n mynd 'mlaen a 'mlaen. Dyma fi'n gwylltio wedyn a deud yn blwmp ac yn blaen na châi o ddim rhyw efo fi, mêt. Oce ta, medda fo, ddo' i i dy weld ti chydig o weithia yn gynta.

Doedd hyn ddim yn digwydd hanner cymaint pan oedd Katie efo fi. Mae'r ffaith fy mod i ar fy mhen fy hun fel tasa fo'n arwydd 'mod i'n despret.

Cyrraedd Dancitagi a'r afon yn uchel eto, ond ro'n i'n dal yn gorfod cerdded drwy byllau o fwd am filltir cyn cyrraedd y canŵ. Roedd 'na un ymhell dros fy motwm bol i. Bron iawn i mi lithro ar fy mhen iddo fo, a gwyrth oedd hi na chollais i 'mag i'w ganol o. Tasa pobol adre yn fy ngweld i yn bustachu drwy'r fath sgrwtsh, mi fasen nhw'n cael ffit. Mae'n siŵr fod pawb yn meddwl 'mod i'n gorliwio yn fy llythyrau, tydyn? Wel, dwi ddim!

Roedd 'na lythyr gan VSO Llundain yn fy nisgwyl i – wedi mwynhau y cylchgrawn! Ro'n i'n teimlo'n well o'r hanner wedyn, nes i Ndako drws nesa gnocio ar y drws a finna ar fin mynd i 'ngwely. Mae o'n athro newydd (wnaeth y llall ddim para wythnos) ac mae o'n boen. *'The other teachers left me here all alone all weekend, so I summoned some pupils to come here and sleep with me.'*

Blydi babi. Be oedd o'n ei ofni, tybed? Dwi'n amau'n gry' mai isio i mi fod yn famol a chynnig bod yn obennydd iddo fo, ymysg petha eraill, oedd y mwnci. Mae ganddo fo lygaid fel llwynog a thrwyn hir, mileinig sy'n rhoi'r *creeps* i mi, ac mae o'n gwneud ati i frwshio yn fy erbyn i bob gafael. Mi wnes i baned iddo fo gan nad o'n i isio ymddangos yn *rhy* sych, rhag ofn 'mod i ddim ond yn dychmygu mai sglyf ydi o, ond ge's i wared arno fo'n reit handi.

Hydref 16

Dwi'n *depressed*. Ddylwn i fynd adre at fywyd normal, go iawn, neu ddal ati fan hyn? Y ffordd dwi'n teimlo ar hyn o bryd, does 'mond angen un peth bach i f'ypsetio i, ac mi fydda i adre fel shot. Y peth ydi, dwi'n mwynhau fy mhenwythnosau i ffwrdd, fy ngwyliau mewn gwledydd eraill, y teithio yn y canŵ a phan fydd y myfyrwyr yn deud pethe fel *'I like you Miss'* fel y gwnaeth Umaru heno. Felly pam 'mod i mor isel heno?

Am fod y gwersi yn torri 'nghalon i ar hyn o bryd. Mae'r prifathro wedi penderfynu 'mod i'n gorfod canolbwyntio ar y dosbarthiadau hŷn, felly maen nhw wedi mynd â dosbarth 2 oddi arna' i. A chan mai dim ond y rhai ara' sydd ar ôl yn nosbarth 4 a 5, dwi'n teimlo fel rhwygo 'ngwallt allan fesul dyrneidiau bob munud.

Mae gynnon ni ddirprwy newydd rŵan hefyd, sinach o foi o'r enw Francis. Mae o'n llyfu tin y prifathro bob cyfle gaiff o, ond y munud adawodd hwnnw am gyfarfod yn Bida bore 'ma, aeth yr ysgol yn smonach llwyr. Daeth plentyn i'r stafell athrawon i weld Francis : *'We have lesson, sir.'* Rhegi arno fo wnaeth Francis a'i yrru i ffwrdd o'i olwg o. Chwerthin wnaeth pawb arall, ac am weddill y diwrnod, dim ond Mr Mensah, Mr Ogbodjor a finna fu'n mynd i'n gwersi. Ond fiw i ni ddeud na gwneud dim am y peth.

Ac yn waeth na dim, mae Ndako yn fy ngyrru i'n wallgo. Mae o'n dod yma bob dau funud ac yn fy nilyn o gwmpas y tŷ. *'Can I be your friend? I have been watching your movements and I wish to express admiration for you.'* Dwi wedi deud wrtho fo'n ddigon plaen, ond mae ganddo fo groen fel eliffant. Dwi jest ddim yn gwybod be i'w wneud.

Ty'd 'laen hogan, callia. Post-parti blŵs ydi hyn, beryg.

Hydref 20

Ro'n i mor falch o gael gadael Gbara bnawn dydd Gwener, bron nad o'n i'n rhedeg drwy'r mwd 'na. Roedd Kate sy'n VSO yn Kuta wedi trefnu parti i groesawu y VSOs newydd. Tri sy' 'na: Kevin, sy'n 23 ac yn hen foi iawn, a'i dad yn gyfaill oes i Brendan Behan; Adrian, sy'n stoncar ac yn ffisiotherapydd yn ysbyty Bida; a Les, sy'n 72 ac yn goblyn o ddifyr. Mi gollodd ei wraig ddwy flynedd yn ôl ac felly mi benderfynodd wneud VSO. Gawson ni benwythnos bach reit ddifyr, a phawb yn dda iawn yn fy nghynghori i godi uwchlaw fy nhrafferthion yn Gbara: 'Mae pawb yn cael cyfnodau fel hyn, ond yn dod drwyddyn nhw yn y diwedd.'

Mae Kate ar ei phen ei hun ers chydig fisoedd hefyd, ond dydi hi ddim yn cael ei phoenydio gan ddynion oherwydd ei bod hi'n canlyn efo un o'r athrawon. Iawn, dwi'n falch drosti, ond dwi jest ddim yn teimlo unrhyw fath o dynfa fel'na at unrhyw un o athrawon Gbara, ar wahân i Gboya, ond mae o'n bwcd rŵan tydi? A hyd yn oed tasa Gboya ar gael, dwi ddim yn meddwl y baswn i'n hapus efo fo. Mae pobol Gbara yn gwybod am bob dim dwi'n ei wneud, ac mae gan y plant ryw barch anhygoel ata' i, a tasen nhw'n gwybod 'mod i'n caru efo rywun lleol, a finna'n ddibriod, dwi ddim yn meddwl y bydda petha cweit yr un fath. A deud y gwir, dwi'n gwybod y baswn i wedi eu siomi nhw, a dwi ddim isio gwneud hynny, ddim am bensiwn.

A pheth arall, mae cael hogan wen yn *status symbol* yma, ac er mor annwyl ydi Gboya, mi fyddai'n siŵr o frolio a deud petha annifyr wrth yr athrawon eraill. Dyn ydi dyn, dim bwys o ba wlad y daw o. A fedrwn i byth ddiodde gwybod eu bod nhw'n fy nhrafod i fel'na y tu ôl i 'nghefn i. Mae'n well gen i fod yn lleian, diolch yn fawr.

Does gan Kate ddim lle chwech fel ni, dim ond twll yn y llawr. Rŵan, dwi wedi hen arfer efo'r rheiny bellach, ond roedd hyn yn fater gwahanol. Mae'n amlwg mai dyn oedd y pensaer. Twll tua dwy fodfedd ar draws, fodfedd o'r wal. Lwcus 'mod i'n gallu gwneud y sblits. Ond roedd hi'n gythgiam o anodd anelu a rhowlio chwerthin ar yr un pryd. Ro'n i'n teimlo fymryn gwell wedyn.

Cafodd y bws o Bida byncjar heno, felly roedd hi'n dywyll erbyn i mi gyrraedd Dancitagi. Doedd 'na neb arall yn mynd i Gbara, felly bu raid i mi stryffaglu drwy'r gwair a'r coed a'r mwd ar fy mhen fy hun, gyda'r mosgitos yn berwi canu yn fy nghlustiau a finna'n canu nerth esgyrn fy mhen er mwyn rhybuddio unrhyw nadroedd 'mod i yno. Mi es i o 'Hen Ferchetan' i *Rock around the Clock'*, a phan gyrhaeddais i lan yr afon, doedd 'na'm golwg o ganŵ. Mi fues i'n gweiddi a sgrechian am oes, ac o'r diwedd, mi glywodd 'na rywun a daeth canŵ draw a hithe fel bol buwch. Fues i rioed mor falch o weld neb.

.Hydref 21

Deffro am 5.45 a'r wats ddwl 'ma yn deud 2.10. Beryg bod yr holl fwd wedi deud arni. Ge's i wersi da heddiw, a phawb fel tasen nhw'n dallt o'r diwedd, a finne ddim yn hanner marw ar ddiwedd pob gwers. Mae 'na hogan yn 4B, dwi'm yn gwybod o ble daeth hi, na ble mae hi wedi bod cyhyd, ond dwi'm yn cwyno, mae hi'n wirioneddol dda, ac yn curo'r hogia yn rhacs!

Mi ofynnodd y prifathro i mi sgwennu llythyr o gydymdeimlad heddiw. 'I bwy?' holais i. At rieni disgybl fu farw wythnos diwetha. Wyddwn i ddim am y peth tan hynny. Mae'n debyg fod yr hogyn druan wedi cael ffit tra'n yfed alcohol mewn parti, ac wedi mynd i goma. Mi holais i a oedd ei rieni o'n gallu darllen Saesneg. Nac ydyn, ond mi gân' nhw rywun i'w ddarllen iddyn nhw. Does 'na neb yn sgwennu yn Nupe, neb sy'n Foslem o leia.

Fel ro'n i'n mynd i fwyta 'nghinio (*black-eyed beans* efo sinamon), cyrhaeddodd yr hen Frankie efo dau lond bocs o lyfrau a *phressure cooker* i mi, yn anrheg gan rywun o Lagos! Roedd o wedi clywed 'mod i'n mynd drwy gyfnod gwael, ac wedi dod i gael sgwrs. Dwi'n teimlo'n llawer gwell rŵan ar ôl cael bwrw 'mol, ond ro'n i'n dal i deimlo y gallai o ddod i 'ngweld i'n amlach. Dydi o ddim wedi bod yma ers misoedd ar fisoedd, ond mae'r lleill yn ei weld o yn rheolaidd. Mae'n siŵr mai'r ffaith mai Gbara ydi'r lle mwya anghysbell dan ei oruchwyliaeth o ydi'r rheswm. A dwi'n gwybod ei fod o'n meddwl 'mod i'n gorymateb i Ndako y snichyn drws nesa. Fasa dyn ddim yn dallt, na fasa?

Dwi'n darllen *The Onion Eaters* J.P. Donleavy rŵan, ac mae o'n wych, yn donic heb ei ail.

Hydref 27

Bida y penwythnos yma, a helpu Adrian y stoncar i ddod i nabod ei ffordd o gwmpas y dre. Mae ganddo fo dŷ neis iawn, efo trydan a phob dim, ond mae'r sefyllfa yn yr ysbyty wedi bod yn goblyn o sioc iddo fo. Mae'r adnoddau yn dorcalonnus; pobol yn eistedd ar loriau budron efo cadachau sglyfaethus am eu clwyfau, yn disgwyl i'r doctoriaid druan eu gweld. Ac wedyn mae'n rhaid talu'n ddrud am unrhyw foddion, a fawr neb yn gallu eu fforddio ac yn gorfod mynd adre i ddiodde.

Does 'na'm baglau na dim yn yr 'adran ffysiotherapi', sef stafell dywyll efo ambell gadair, felly mae o wedi bod yn gwneud rhai ei hun allan o ganghennau ac inner-tiwbs teiars. Maen nhw'n wych, chwarae teg; ge's i roi cynnig ar un pâr o faglau, ac roedden nhw'n rhyfeddol o effeithiol a chyfforddus. Mae o'n athletwr (ro'n i wedi amau . . . mae ganddo fo gorff perffaith) ac yn cystadlu yn erbyn pobol fel Sebastian Coe yn rheolaidd medda fo. Mae o'n trio cadw'n ffit yma, ond yn dechra 'laru efo'r holl bobol yn chwerthin am ei ben o pan fydd o'n rhedeg fel idiot o gwmpas y lle yn ei siorts bach pitw.

Dwi wedi benthyg ugain naira iddo fo gan nad ydi o wedi cael cyflog eto, ac wedi rhoi hanner sach o reis oedd gen i'n sbâr. Faswn i byth wedi mynd drwy'r cwbwl cyn y llygod. Mae o'n fachgen digon clên, ond braidd yn ddigymeriad. Does gan Don fawr o feddwl ohono fo, bechod.

Dwi wedi dechra cloi fy nrws. Mae Ndako yn dod i mewn heb gnocio bob awr o'r dydd a'r nos. Dwi'n sgwennu hwn wrth y ddesg yn fy llofft, gyda'r lamp ar ei phwynt isa posib. Os welith o'r llygedyn lleia o ola', mi fydd o'n dod draw i'r ochr yma o'r tŷ i sbio drwy'r ffenest.

Hydref 29

Collais i 'nhymer yn lân efo Francis y dirprwy heddiw. Daeth ei wraig i mewn yn cwyno bod 'na rai o'r bechgyn wedi bod yn ddigywilydd efo hi. Aeth o'n wallgo. Llusgodd yr hogia druan allan i'r buarth a'u pledu nhw efo chwip ledr nes roedden nhw'n sgrechian. Roedd o mor ffiaidd, fedrwn i ddim peidio rhedeg allan i weiddi arno fo. Am eiliad, ro'n i'n amau ei fod o'n mynd i ymosod arna' inna hefyd. Ond mi galliodd ar ôl gweiddi rhywbeth mewn

119

Nupe arna' i, a gyrru'r hogia i balu cae cyfan yn lle. Ro'n i'n crynu fel deilen tu mewn. Mae'r dyn yn afiach.

Mae lefel yr afon yn newid dragwyddol. Mae'n debyg fod 'na argae i fyny'r afon yn rhywle ac maen nhw'n mynnu agor y giatiau o hyd am ryw reswm. Dwi wedi arfer cerdded mewn pyllau at fy motwm bol bellach, ond roedd 'na un hyd at fy ngên i y penwythnos yma. Lwcus 'mod i'n giamstar ar gario petha ar fy mhen rŵan, ond mae'r mwd dan draed yn goblyn o lithrig.

Ge's i brofiad a hanner ddoe wrth gerdded i'r pentre. Roedd 'na dwrw fel trên cyflym yn dod ata' i drwy'r gwair hir, a dyma'r neidr fwya welais i erioed yn fy myw, un hyll, werdd yn saethu ar draws y ffordd o 'mlaen i. Roedd ganddi lyffant yn ei cheg, a diflannodd i'r gwair ar ochr arall y ffordd. Mi sefais i lle'r o'n i am oes, wedi fy mharlysu'n llwyr, nes i'r sŵn trên ddiflannu. Maen nhw'n deud bod y sioc o weld neidr yn eich brathu yn eich lladd chi cyn i'r gwenwyn gael effaith. Hawdd dallt hynny rŵan. Roedd fy nghoesau i fel jeli ac yn gwrthod symud am oes. Ro'n i wedi nabod y neidr o luniau welais i mewn llyfr. Mamba werdd, un o'r nadroedd mwya gwenwynig, casaf yn y byd. Ond methu dod dros y sŵn o'n i. Ro'n i wastad wedi meddwl bod nadroedd yn symud yn llithrig dawel. Roedd hon yn debycach i dractor, naci, Ferrari. Dwi ddim isio cyfarfod mamba arall tra bydda i byw.

Tachwedd 7

Dwi'n giami eto ers deuddydd. Wedi darllen y llyfryn VSO o glawr i glawr i ddadansoddi'r symptomau, ac os fydda i wedi troi'n felyn ymhen wythnos, *infectious hepatitis* ydi o.

Bu bron i mi ffrwydro yn y stafell athrawon eto. Roedd Sheshi a Ndako (typical) yn gweiddi a strancio drwy'r bore oherwydd Mr Mensah a Mr Ogbodjor. Mae'n debyg fod y ddau wedi cwyno am nad ydi Sheshi a Ndako yn dod i'r ysgol ac yn gwrthod mynd i'w gwersi – sydd yn berffaith wir. Roedd Ndako yn sgrechian, *'They are not grateful!'* – yr hen fusnes 'ma y dylen nhw fod yn ddiolchgar fod llywodraeth Nigeria yn gadael i Ghanayans ddod yma i weithio. Asu, ro'n i'n flin. Nhw ydi'r ddau athro mwya cydwybodol, mwya gweithgar a chall sydd yn yr ysgol! Roedd 'na Nigerians da yma llynedd, ond maen nhw bron i gyd wedi mynd rŵan, a hen ddiawlied fel Ndako a Sheshi a Francis sydd wedi dod yn eu lle nhw. Mi glywais i si fod Gbara wedi cael enw fel *punishment post*, oherwydd y diffyg ffordd a thrydan, ac mai athrawon y domen sy'n cael eu hel yma rŵan. Dwi'n amau dim. Ro'n i wedi gwylltio cymaint, mi wnes i roi llond pen iddyn nhw, ac yna nodi fy nheimladau yn berffaith blaen yn y *duty book*, y llyfr mae pawb yn gorfod ei lenwi yn ddyddiol i gofnodi eu presenoldeb, be wnaethpwyd yn y gwersi a.y.y.b. Wnaiff neb gymryd sylw o Mr Mensah a Mr Ogbodjor, felly dyma fi'n cael y gyts i wneud rywbeth am y peth o'r diwedd. Mae o'n swyddogol rŵan, pal!

Tachwedd 8

Dwi'n hen ast wirion weithie. Rois i'r paragraff 'na yn y *duty book* yndo, y math o beth fyddai Katie wedi ei wneud, a finna wedi ei darbwyllo i beidio.

Daeth y prifathro i 'ngweld i peth cynta bore 'ma, a deud na ddylwn i fod wedi sgwennu y fath beth, y dylwn i fod wedi trafod y peth efo fo yn gynta, ac mae o'n llygad ei le. Mae'n debyg fod yr athrawon dan sylw wedi gwneud uffar o ffys am y peth, a bod y Ghanayans druan bron â chael eu 'lynchio' ddoe o'r herwydd. Mi wnes i ymddiheuro i'r prif, ac i Mr Mensah a Mr Ogbodjor, er eu bod nhw'n mynnu ei bod hi'n hen bryd i rywun dynnu sylw at y sefyllfa. Ond dwi ddim yn mynd i ymddiheuro i'r lleill, ddim dros fy nghrogi.

Mi lwyddais i osgoi y stafell athrawon drwy'r dydd.

Dwi wedi cael llwyth go dda o erthyglau ar gyfer y rhifyn nesa o'r cylchgrawn VSO, a dwi am roi trefn arnyn nhw y penwythnos 'ma, ond nid fan hyn. Dwi'n mynd i Bida, i swyddfa Frankie.

Reis a nionyn ge's i i swper heno, doedd gen i ddim byd arall, ac roedd y bara yn lliwiau'r enfys ers y bore.

Mae'r glaw wedi peidio ers ryw chwe wythnos rŵan, ac mae'r harmattan wedi dechra chwythu llwch i bobman. Mae'r boreau yn weddol oer, ond mae'r prynhawniau yn cynhesu o hyd. Mae'r lliw haul ge's i yn Kenya wedi hen *done quench* a diflannu ac mae'r coesau 'ma'n frathiadau pinc, diolwg unwaith eto.

Dwi'n ystyried gadael cyn yr ha'.

Tachwedd 14

Roedd hi mor boeth heddiw, prin allwn i ddiodde gadael y tŷ. Roedd hi'n ddigon berwedig bore 'ma ar y ffordd i'r ysgol am 7.15, ond pan gerddais i'n ôl ar ôl y wers ola' toc ar ôl un, roedd fy fflip-fflops i'n toddi dan draed. Mi biciais i allan i roi dillad i sychu, a phrin allwn i agor fy llygaid, roedd o'n brifo gymaint. Dwi'n difaru weithie na fyddai gen i rywbeth i gofnodi'r tymheredd. Mae hi'n bendant ymhell, bell dros 110°. Tasa gen i ŵy i'w osod ar y concrid, mi fyddai wedi ffrio'n galed mewn eiliadau.

Mi biciais i ddosbarth 3C heddiw. Ro'n i mor falch o'u gweld nhw. Maen nhw efo Ndako ers dechra'r tymor, a ge's i olwg bach ar y llyfrau. Mae annwyl Ndako wedi rhoi tair gwers iddyn nhw mewn dau fis. Ro'n i'n amau.

Mae 'na rywun wedi gosod silffoedd yn y llyfrgell o'r diwedd, ond maen nhw chwe throedfedd o'r llawr. Mae isio gras. Mae tri chwarter y disgyblion dan bum troedfedd, ac yn methu gweld y llyfrau heb sôn am allu eu cyrraedd nhw. Mae 'na *dermites* wedi bod yn gwledda yno hefyd, ac ambell lyfr yn ddim byd ond llwch bellach.

Clywed gan Ladan bod 'na ddau ddyn wedi marw o *rabies* wythnos diwetha, felly mae pob ci yn ardal Bida wedi cael ei saethu. Y broblem ydi nad oes neb yn cael gwared â'r cyrff, dim ond eu gadael lle farwon nhw, felly mae'r fulturiaid a'r anifeiliaid eraill sydd wedi bod yn gwledda ar y cyrff yn cario'r *rabies* dydyn?

Ge's i gêm o badminton efo hogia'r bumed wedi iddi ddechra oeri chydig heno, a chael modd i fyw, a chwysu nes ro'n i'n diferu. Er gwaetha'r holl gerdded 'ma i Dancitagi, dwi ddim yn ffit o gwbwl.

Newydd orffen *Confessions of an Irish Rebel*, Brendan Behan, a dwi wedi mopio efo fo. Pam nad oes 'na gymeriadau fel'na yng Nghymru?

Tachwedd 26

Dwi wedi cael penwythnos gwych a hollol annisgwyl. Wedi'r ymlwybro arferol i Bida (drwy byllau llawer llai, ond anghynnes o gynnes a llawn petha oedd yn symud . . .) a bechdan banana yn y *Cool Spot*, dyma alw heibio swyddfa'r post. Ynghanol y pentwr o lythyrau, roedd 'na un gan Dee yn cyhoeddi mewn llythrennau breision: *BRING BODY TO LAGOS!* Roedd 'na ginio mawr gan y Gymdeithas Gymraeg. Do'n i ddim yn siŵr be i'w wneud. Es i heibio Sister Mary a darllen y llythyr iddi. *'I'll just go to the loo while you decide,'* medda hi. Daeth yn ei hôl. 'Dwi'n mynd!' medda fi. *'I knew you would,'* medda hitha. Felly dyma redeg i'r orsaf dacsis a neidio i mewn i gronc oedd yn mynd i Ilorin unwaith y byddai 'na ddigon o bobol ynddo fo. Mi fynnodd y gyrrwr aros nes roedd 'na saith ohonon ni, a babi.

Wnes i ddim cyrraedd Lagos tan chwech nos Sadwrn yn y diwedd. Cafodd pawb ffit pan gerddais i mewn. Ro'n i bedair awr ar hugain yn hwyr. Roedd cinio'r Cymrodorion wedi bod y noson cynt, ond roedd cinio'r gymdeithas Albanaidd ymhen dwyawr. Ge's i fy nhaflu i mewn i'r gawod tra oedd Dee yn hel dillad i mi: ryw ffrog slinci ddu a llwyth o fwclis drud yr olwg. Roedd hi hyd yn oed wedi dod o hyd i sgidiau crand i mi! Roedd hi wrth ei bodd yn trio gwneud i mi edrych yn *glamorous. 'This is like dressing a Sindy doll!'*

Roedd y cinio yn anhygoel, y dynion i gyd mewn kilts a'r merched i gyd yn edrych fel Scarlett O'Hara. Mi fuon ni'n dawnsio gwerin, waltzio, a ge's i hyd yn oed y profiad o ddawnsio'r tango efo dyn oedd yn gwybod yn union be oedd o'n ei wneud. Rargol, dyna be oedd profiad.

Es i ddim i 'ngwely tan 4.30, ar ôl ffônio Mam a Dad – gafodd goblyn o sioc! Dwi ddim yn siŵr pa mor werthfawrogol oedden nhw chwaith, gan eu bod nhw yn berffaith sobor a ninna ddim.

Drannoeth, aeth pawb i lan y môr, lle bûm i'n adeiladu cestyll tywod efo Lindsay. Roedd Dee yn fy holi yn arw am fy nghynlluniau flwyddyn nesa, isio gwybod sut a phryd ro'n i am adael ac ati. Wel, picio i rywle fel yr Ivory Coast a Chameroun, ac yna adre, medda fi. Pam ti'n gofyn?

Meddwl mynd i'r Bahamas am y Pasg oedden nhw, ac isio *nanny* . . . Roedd hi wedi cynnig y swydd i'w chwaer, ond os na fyddai honno'n gallu dod, fyddai 'na ddiddordeb gen i? Bron i mi gael hartan. Y Bahamas? Doedd dim rhaid i mi feddwl gormod am y peth. Ond gawn ni weld be ddigwyddith yntê? Ac maen nhw wedi fy ngwahodd i yma am y Dolig. Ro'n i wedi ryw hanner meddwl am fynd i Cameroun, ond does gen i mo'r pres a bod yn onest. Felly yma fydda i.

Tachwedd 29

Dwi'm wedi bod yn teimlo'n rhy dda yn ddiweddar, ac mae'r hen blant wedi bod yn poeni amdana' i, isio i mi fynd i'r ysbyty a phob dim! Maen nhw'n gofalu amdana' i fwy nag erioed. Maen nhw'n gwybod yn iawn bod 'na densiwn rhyngof fi a rhai o'r staff, a bod petha yn dechra mynd yn drech na fi. Ge's i lond sach o paw-paws gan Gimba ddoe. Dwi wedi bod yn rhoi gwersi iddo fo ar ôl ysgol, gan fod y creadur yn ofnadwy o dyslecsig. Does gen i ddim llawer o syniad sut i'w helpu yn iawn, ond mae cael sylw yn golygu tipyn i'r hen greadur.

Er 'mod i'n symol, mi lusgais fy hun i Kuta i barti Kate a Kevin, y VSO newydd. Mi orffennodd Kate efo'r athro hwnnw (roedd o wedi bod yn brolio am eu campau wrth weddill y staff . . .) ac mae hi'n canlyn yn selog efo Kevin rŵan, ac mae hi'n edrych fel tasa ganddi gylch *Ready Brek* o'i chwmpas hi.

Mi ddaliais i dacsi i Minna, ond jest cyn cyrraedd, fe gawson ni ein dal yn ôl gan ddamwain ffordd. Roedd o'n amlwg newydd ddigwydd – lori'r fyddin wedi taro yn erbyn tacsi arall a phobol yn gwaedu ar hyd y lle. Taswn i wedi cyrraedd Bida hanner awr ynghynt, efallai mai yn y tacsi yna fyddwn i. Roedd pawb yn syllu ar ryw lwmp o gadachau ar ganol y ffordd, ac am ryw reswm – y natur fusneslyd ddynol mae'n siŵr – es inna allan i sbio. Mi gymerodd oes i mi ddallt be oedd y cadachau. Corff dyn oedd o, wedi ei chwalu yn rhacs, a'i goesau a'i freichiau bob sut, wedi eu plygu ar yn ôl a thu chwith, fel seren grotèsg. Mae'n od, os wela' i rywun yn pigo'i fys efo nodwydd a'r dagreuyn bach lleia o waed yn diferu ohono, mae fy stumog yn corddi. Ond ro'n i'n gallu sbio ar hwn yn gwbwl oer, yn glinigaidd, bron. Roedd o'n gelain, ac yn erchyll, ond doedd o ddim yn edrych fel bod dynol bellach. Doedd 'na neb yn crio, neb yn gweiddi, dim ond rhes o bobol yn sbio a sbio. Does 'na'm pwynt i Foslem ddychryn yn wyneb marwolaeth – mae Allah eisoes wedi penderfynu beth fydd tynged pawb, felly pan ti'n mynd, dyna fo, ti wedi mynd. Roedd hi'n amser.

Ge's i sgwrs efo un o'r milwyr oedd yn y lori tra oedd pobol yn ceisio clirio'r ffordd. Y dyn marw oedd wedi achosi'r ddamwain. Mae'n debyg ei fod o wedi bod ar y *munge* drwy'r dydd, ac wedi rhedeg allan i ganol y ffordd, yn syth o flaen y lori. Roedd y gyrrwr wedi ceisio ei osgoi, ond wedi mynd i goblyn o sgid wysg ei ochr.

Yn y cyfamser, roedd y tacsi wedi dod rownd y gornel, wedi slamio'i frêcs ac ynta hefyd wedi sgidio wysg ei ochr. Roedd yr hen greadur wedi cael ei wasgu'n ddim rhwng y ddau gerbyd.

Pan gyrhaeddais i Kuta a hitha'n nosi, doedd gen i ddim llwchyn o awydd partïo. A deud y gwir, roedd pawb yn mynd ar fy nerfau i. Mi fwytais fy stwnsh yam ac egusi yn dawel, yn ysu am i hanner y bobol ddiflannu i rywle. Mae'n anodd ymdopi efo'r holl bobol wynion i gyd ar yr un pryd weithie, a dwi'n dallt rŵan sut roedd Katie yn teimlo pan fynnodd hi nad oedd hi am fynd i bartis VSO byth eto. Gormod o bwdin, beryg, a dydi'r sgwrs byth yn newid llawer. Cymharu pigiadau mosgitos, cwyno am ddiffyg llythyrau, hiraethu am fod yn oer, trafod lliw ac ansawdd a chysondeb eu carthion. Ie, diddorol dros ben, wa.

Roedd Maeve yn gwneud ei gorau glas i ddeud rywbeth wrtha' i, ond roedd 'na rywun yn dod i darfu arnon ni dragwyddol. Bu raid i mi aros nes i ni'n dwy gychwyn yn ôl am Bida cyn gallu siarad yn iawn. Pan ddeudodd hi ei newyddion, ge's i goblyn o sioc. Mi wnaeth Don a hitha briodi yr wythnos diwetha! A taswn i heb fynd i Lagos, mi faswn i wedi bod yn dyst! A tasen nhw wedi cyrraedd y *Cool Spot* cyn i mi agor llythyr Dee, mi fuaswn i wedi aros. Daria. Sister Mary gymerodd fy lle i yn y diwedd, a Father Con gymerodd y gwasanaeth. Mae Maeve mor hapus, 'ngenath i – ond ddim yn siŵr sut fydd hi'n ymdopi efo'r babi. Oedd, roedd 'na chydig o frys. Felly os fydda i wir yn mynd adre Pasg, mi fydd hitha yn dod efo fi, neu toc ar fy ôl i. Ond mae hi am ddod 'nôl wedyn, efo'r babi. Mae Don wrth ei fodd hefyd wrth gwrs, ond ddim yn barod i wynebu y VSOs *en masse* y penwythnos yma. Dwi isio cael anrheg hyfryd iddyn nhw, ond dwi ddim yn gwybod be goblyn i'w gael.

Mi sgwennais lythyr i Katie y munud y cyrhaeddais i adre. Geith hi ffit.

Rhagfyr 9
Dwi fel hogan fach eto, yn cochi wrth feddwl amdano fo, yn cochi wrth feddwl amdana' i'n cochi pan wela' i o nesa. Mae 'na wên fel giât ar fy wyneb i dragwyddol, ac mae'r plant wedi bod yn chwerthin efo fi drwy'r dydd. Rhyfedd fel mae dyn yn newid lliw bob dim sy' o dy gwmpas di.

Mi fues i draw yn Ilorin efo Wendy y penwythnos yma, a chael gwahoddiad i barti Biwaters, lle'r oedd Terry yr Awstraliad. Doedd o ddim yn swil y tro yma, ddim o bell ffordd. A dwi mewn cariad. Wel, gor-ddeud ella ar ôl dim ond penwythnos, ond dwi wedi gwirioni'n rhacs. Dydw i wedi ei ffansïo fo ers misoedd, fel pob hogan arall yn Niger State? Ond tyff genod, mae'n amlwg ei fod o'n mynd am rywbeth mwy 'na genod bach del seis 10. Asu, dwi'n smyg, a rargol, dwi'n hapus!

Doedd yr holl hasyls ge's i efo'r papurau arholiadau heddiw yn poeni dim arna' i. Roedd y dyn sy' wedi bod yn eu teipio nhw wedi gwneud cant a mil o gamgymeriadau ar y stencil, ond doedd gen i ddim affliw o ots! Mi faswn i wedi ei saethu o wythnos diwetha.

Dwi ddim mor siŵr os ydw i isio mynd adre dros y Pasg.

Rhagfyr 11

Dwi'n clwydo ar ddesg yn fy ffrog gotwm Laura Ashley. Dwi'n goruchwylio mewn arholiad, a 4B sydd gen i eto. Ydyn, maen nhw'n twyllo fel dwn i'm be, ac ydw, dwi'n edrych y ffordd arall. Deg munud ar ôl. Mae 'na foi yn fan'cw yn pigo'i drwyn fel diawl. Bob tro dwi'n codi 'mhen, mae 'na lwyth o lygaid yn agor yn ddiniwed reit, a rhesi o ddannedd yn gwenu yn hynod o glên arna' i.

Daeth Yahaya Tswaco i fyny at y ddesg rŵan i holi rywbeth a busnesa i weld be ro'n i'n sgwennu. *'Ah! Wolsh!'* medda fo. Mae o'n un o'r rhai sydd wedi bod yn gofyn am wersi Cymraeg gen i, ac mae o a'i frawd yn gallu deud 'Ta ta', 'Iawn' a 'Sumai Wa?' fel Cymry go iawn, ond mae 'Dwi'n mynd adre' yn swnio'n debycach i Do Rei Mi.

Mae 'na nifer fawr o'r plant 'ma heb adolygu o gwbwl ar gyfer yr arholiadau 'ma. Eu heglurhad nhw ydi fod Allah wedi penderfynu cwrs eu bywyd ymlaen llaw, ac nad oes pwynt felly iddyn nhw adolygu.

'But I'm sure he could do with some help!' protestiais inna.

'Ah, Miss,' gwenodd Yahaya, sydd yn amlwg wedi adolygu, *'They are just lazy. You should whip them.'*

Mi gefais fy nhemtio. Dwi wedi anghofio ers tro am fy syniadau naïf am fod yn gyfeillgar a chlên a pheidio cosbi yn y dull Nigerian.

Mae 'na nifer o'r plant 'ma wedi bod yn cymryd mantais o'r ffaith. A do, dwi wedi gyrru mwy nag un allan i gwrcwd yn y gwres a'u dwylo wedi eu plethu ar dop eu pennau. Ro'n i'n teimlo mor euog y tro cynta, ond che's i byth drafferth efo nhw wedyn. Roedd Mr Ogbodjor wrth ei fodd: *'Aha, I see you are becoming African!'*

Dwi wedi bod yn meddwl am Terry drwy'r dydd, bob dydd, a'm dychymyg yn drên heb frêcs.

Rhagfyr 20

Dwi yn Lagos ers dydd Mawrth. A ge's i lifft mewn steil y tro yma, mewn awyren DC 330, awyren breifat David Mark, Bos Man Niger State a chyfaill mynwesol yr Arlywydd Babangida. Dydi o ddim yn gwybod, ond wnes i gyfarfod y tri pheilot yn Minna, digwydd sôn 'mod i'n mynd i Lagos am y Nadolig, a nhwtha'n deud eu bod nhwtha yn hedfan yno y diwrnod wedyn, efo awyren wag! Ge's i dro ar ei hedfan fy hun – oedd yn brofiad a hanner – a myn coblyn, cyn bo hir ro'n i'n gweld afon yn disgleirio oddi tanon ni, a chlystyrau o gutiau mwd yn edrych yn union fel madarch gwyllt, ac adeiladau ysgol – roedden ni'n mynd dros Gbara ! Ro'n i hyd yn oed yn gallu gweld fy nhŷ i. Ro'n i'n diawlio yn y cymylau nad oedd y camera yn handi gen i. O wel. Awr a hanner gymerodd hi i gyrraedd Lagos, taith sy'n ddeng awr anghyfforddus mewn car a deuddydd yn bodio a disgwyl am dacsis. Roedd Terry wedi cynnig lifft i mi o Ilorin, gan ei fod yn mynd adre i Awstralia dros y Dolig, ac mi ro'n i wir isio mynd efo fo, ond pan ge's i gynnig mynd mewn awyren o Minna . . . Dwi'n difaru bellach, dwi'n amau'n gry' y bydda i wedi cael llond bol o Lagos cyn bo hir.

Roedd yr *ex-pats* yn cynnal ryw fath o gyngerdd Nadoligaidd yng Nghlwb Golff Ikoyi neithiwr. Roedd pawb yn perffformio eu *party pieces,* ac mi fynnon nhw fy mod i'n canu rywbeth yn Gymraeg. Fi? Coblyn o beth ydi bod yn ferch i 'nhad, mae pawb mor benderfynol 'mod inna'n gallu canu. Mi benderfynais fynd am rywbeth sydd ddim yn gofyn am ormod o ystod lleisiol, felly rois i berfformiad lliwgar iawn o 'Ar y Bryn roedd Pren' iddyn nhw. Roedd 'na rywbeth yn afreal iawn am lond clwb golff o Ewropeaid pinc yn mynd drwy'r mosiwns o'r chwannen ar y cyw a'r cyw yn yr ŵy a'r gweddill. Ond mi ge's i gloc bach *digital* yn wobr, sy'n fendith mawr gan fod bob cloc a wats oedd gen i wedi hen *done quench* – *o!*

Bu Dee yn bygwth torri fy ngwallt i ers tro byd, ac yn deud petha reit bigog fel *'Bloody rat's tails! Have you got eyes in there?'* Felly gan fy mod i wedi cael llond bol ac isio llonydd, mi sodrais fy hun ar stôl, cau fy llygaid a gadael iddi. Roedd hi'n taeru mai dim ond ei dacluso roedd hi am wneud. Pan agorais i fy llygaid roedd hi'n anodd iawn gwenu a diolch iddi. Mae fy ffrinj dri chwarter ffordd i fyny fy nhalcen fel hogan saith oed, a'r gwallt hir ro'n i wrth fy modd yn gallu ei roi mewn byn ar dop fy mhen, bellach yn pigo top fy ngwar mewn dull Cleopatra wedi dychryn. Dwi'n edrych yn wirioneddol echrydus. Dwi'n mynd i wisgo bandana bob dydd.

Dwi wedi dysgu sut i chwarae Bridge yn well, a dwi wedi gwirioni efo Mah Jong, ryw gêm Tsieineaidd efo brics bach del lle ti'n gweiddi *'Pung!'* a *'Kong!'* Mae bron pawb yn ei chwarae fan hyn, yn enwedig ar fore Llun gyda'u ginsi tonsis.

Mae'r ffordd o fyw fan hyn yn gwbwl afiach, y dynion yn mynd i'w gwaith efo hangofyrs bob bore, a'r gwragedd yn hel at ei gilydd yn ddyddiol i yfed eu bali ginsi tonsis a chwyno am y gweision. Dwi'm isio bod yn anniolchgar, maen nhw'n fy sbwylio yn rhacs, ond does 'na'm ystyr i betha fan hyn rywsut.

Rhagfyr 25

Ge's i 'neffro gan Lindsay am saith. Roedd pawb yn gorfod 'molchi a newid cyn cael mynd i weld be roedd Santa Clôs wedi ei adael wrth y goeden fechan blastig. Ge's i goblyn o drafferth cael Lindsay i orffen pi-pi cyn gadael y lle chwech.

Ro'n i wedi bod yn helpu Dee i osod bob dim neithiwr, ac yn gwaredu at y ffaith fod gan bob plentyn lond soffa o stwff, yn hytrach na llond hosan. Aeth y creaduriaid yn wirion bost, a Lindsay druan yn rhedeg mewn cylch yn ei hunfan, fel ci ar ôl ei gynffon, yn beichio crio, ddim yn gwybod be i'w wneud efo hi ei hun.

Roedd yr hen Dee wedi llenwi hosan i mi, a dwi wedi cael dyddiadur fel hwn, nofel, fudge ac ati gan Mam a Dad, a ge's i lwyth o ryw betha bach del a drewllyd gan bobol Lagos, a cholur hyd yn oed. Waw, dwi'm wedi gwisgo colur ers misoedd, ddim ers i bopeth doddi yn un slwtsh yn fy nrôr.

Parodd y ddefod agor presantau am deirawr. Cyfaddefodd Dee ei bod hi wedi mynd dros ben llestri, *'but I hate the fact that they have to go to boarding school in England while I'm here, so I suppose it's guilt-shopping.'*

Roedd 'na barti yma heno, ac un digon hwyliog hefyd, ond dwi wedi mynd i 'ngwely yn weddol gall – hanner awr wedi dau. Go brin y gwelwn ni Dee cyn amser cinio fory.

Rhagfyr 27

Dwi wedi darllen tair nofel a gwylio o leia pymtheg fideo ers bod yma, ac wedi chwarae pob gêm sy' yma nes eu bod nhw'n dod 'nôl yn fy mreuddwydion i. Roedd yr hobbits ar fy ôl i a John Travolta ar fwrdd Monopoly neithiwr!

Mae'r Bahamas yn bendant! Tridiau yn Llundain yn gynta, wedyn noson yn yr Hilton yn Efrog Newydd, ac yna pythefnos yn y Bahamas, dwy noson arall yn Efrog Newydd ac adre i Walia rywbryd ym mis Mai. Blydi grêt. Mae Dee wedi bod yn fy nghadw yn fy nyblau efo'i hanesion am y gwyliau trychinebus maen nhw wedi eu cael bob blwyddyn, a dwi'n benderfynol o wneud popeth alla' i i ofalu eu bod nhw'n cael gwyliau bendigedig, bythgofiadwy y tro yma. Ella fod hyn yn swnio'n pathetig, ond wir yr, dwi isio'i phlesio hi. Mi wna' i hyd yn oed wneud y golchi i gyd.

Mae 'na barti bob nos o hyn tan y flwyddyn newydd. Dwi wedi 'laru. Jest â drysu isio gweld Gbara eto.

Ge's i ffônio adre, a chlywed Naomi, fy nith fach newydd-anedig yn crio, ar ôl i Llinos roi pinsiad iddi er mwyn i mi gael ei chlywed hi! Jest â drysu isio'i gweld hi.

Ionawr 8

Ers i'r ysgol 'ddechra' wythnos diwetha, dim ond ddoe ddaru'r gwersi ddechra o ddifri ar gyfer y disgyblion hŷn. Dwi'n dysgu 4C rŵan, ac allan o 52 ar y gofrestr, dim ond naw oedd yno. Ddaw y gweddill ddim am oes eto. Cafodd pob un wan jac eu chwipio bore 'ma am fod yn hwyr i'r gwasanaeth. Wel, prin y gwelwn ni nhw yn cyrraedd ar amser tymor nesa os mai dyna sut maen nhw'n cael eu trin. Roedden nhw i gyd yn gorfod sefyll mewn rhes heb eu crysau, a'r 'gyrrwr bws' yn eu waldio efo'i chwip ledr ddu, nes roedd eu cefnau nhw'n greithiau arian. Fedrwn i ddim aros i wylio, ac es i'n ôl i'r stafell athrawon.

O'r diwedd, ge's i'r gyts i ddeud wrth y prifathro 'mod i am adael cyn y Pasg. Roedd o wedi amau ers talwm, medda fo. Gawson ni sgwrs hir, ac mae o'n dallt yn iawn, medda fo, ac yn diolch i mi am ei sticio hi yma ar fy mhen fy hun cyhyd. Ro'n i isio crio. Wnes i'm deud wrtho fo bod ymddygiad Ndako a'i debyg yn un o'r prif resymau; dwi ddim yn meddwl y basa fo'n dallt hynny. Mae'r prif yn goblyn o foi iawn, ac yn fonheddwr.

Ro'n i'n eistedd yn y stafell athrawon pnawn 'ma, yn marcio traethodau tymor diwetha sy' newydd fy nghyrraedd, ac yn meindio fy musnes, pan ddaeth 'na ddynes o'r pentre i mewn efo babi, a'i sodro ar fy nglin i, a mynd. Ro'n i'n fud am chydig, methu dallt. Roedd y dynion i gyd yn chwerthin, wrth gwrs. 'Pam wnaeth hi hynna?' holais i, 'a be dwi fod i wneud efo fo?'

'She is busy!' meddai Mr James, 'and you are a woman.' Fel taswn i i fod i wybod yn naturiol be i'w wneud. Roedd o'n fabi bach del iawn, a wnaeth o'm crio o gwbwl, felly mi fues i'n gafael ynddo fo efo un fraich, a dal ati i farcio efo'r llall, am awr.

Mi ddaeth y ddynes yn ei hôl, gwenu, mwmblan 'gwbetwin' (diolch), gafael yn ei babi, ac i ffwrdd â hi. Ro'n i wedi mwynhau cwmni'r bychan, mae'n rhaid i mi ddeud, ond allwn i ddim peidio â meddwl bod y ddynes yn trio deud rywbeth wrtha' i, neu wedi ceisio profi pwynt i rywun.

Dwi'n difaru f'enaid nad ydw i wedi llwyddo i feistroli'r iaith 'ma. Mi fedra' i ddeud a dallt y petha elfennol, ond does gen i ddim gobaith cynnal sgwrs go iawn efo merched y pentre, a finna jest â drysu isio siarad efo nhw yn iawn. Dwi wir wedi gwneud fy ngorau glas, ond mae Nupe yn anhygoel. Mae 'na bum ffordd o ddeud y gair *emi* er enghraifft, gyda nodau gwahanol a dal y llafariaid yn hwy. Un ystyr ydi 'brenin'. Un arall ydi'r hyn sydd rhwng coesau dynion. Iaith beryg i ddysgwraig!

Ionawr 13

Es i i ben draw'r byd (wel, y gornel orllewinol bella un o'r wlad, ar y ffin efo Benin) i weld Nick, ffrind Katie y penwythnos yma. Siwrne anhygoel. Gadael Ilorin am 8.30. Tacsi i Oyo. Tacsi i Saci wedyn, a pic-yp i Ilesha, efo tua 25 o bobol ynddo fo. Mi gymerodd ddwyawr i ni deithio 24 km. Roedd y ffordd yn drychinebus, a finna yn y tu blaen efo 3 arall, wrth ochr Alhaji anferthol o dew efo rywbeth pigog yn ei boced oedd yn tyllu fy mhen ôl i bob tro roeddan ni'n taro *pot-hole,* ac roedd gêr-stic y gyrrwr yn mynd yn sownd yn hem fy sgert i dragwyddol. Ond mae Ilesha yn bentre bach neis iawn, ac mae ganddyn nhw drydan bob nos o saith tan hanner nos. Mae gan Nick dŷ digon clên a lle chwech diddorol iawn. Twll 2"x 2" ynghanol llawr y stafell fyw, gyda dim ond hanner cyrten i'ch cuddio rhag y byd. Mae'n anodd gwneud dim pan ti'n pwffian chwerthin ar ei chanol hi. Ond o leia do'n i ddim yn gorfod gwneud y sblits.

Ac fe gawson ni gig i swper, oedd yn dipyn o sioc, gan fod y boi fwy neu lai yn figan pan gyrhaeddon ni. Mi gafodd lond bol ar ôl deufis o *black-eyed beans* medda fo, ac mae o hyd yn oed yn sugno mêr yr esgyrn rŵan.

Ro'n i'n gorfod gadael ben bore drannoeth. Gadawodd y pic-yp am naw, efo hwrdd yn y cefn. Ar ôl ryw awr a hanner, stopiodd y gyrrwr i godi coed tân, a bachodd yr hwrdd ei gyfle. Rhedodd y pentre cyfan ar ei ôl o, yn union fel golygfa allan o ffilm Buster Keaton. Do'n i'n dda i ddim, fedrwn i wneud dim ond chwerthin nes oedd y dagrau'n powlio. Bu'r hwrdd yn rhedeg ar ôl gafr fach reit ddel am dipyn, cyn diflannu i grombil y bush. Awr a hanner yn ddiweddarach, daeth y gyrrwr yn ei ôl, wedi blino'n rhacs, ond heb yr hwrdd.

Oriau yn ddiweddarach, a'r tacsi bron â chyrraedd Kutigi, dyma'r gyrrwr yn stopio'n stond a mynd i'r cefn i nôl mat bychan a'i degell bach plastig yn llawn o ddŵr. Roedd hi'n bedwar o'r gloch, amser mynd drwy'r ddefod o weddïo i Allah. Mi osododd y Moslemiaid eraill oedd yn y tacsi eu stondin wrth ei ymyl, a dechra 'molchi. Mae'n rhaid bod yn lân cyn meiddio cyfarch Allah, ac mae'n broses drwyadl iawn. Mae wastad yn f'atgoffa i o'r ffordd fyddai Mam yn sgwrio tu ôl i'n clustiau ni cyn ein hel i'r Ysgol Sul ers talwm.

Ro'n i wedi bod yn diodde isio pi-pi ers milltiroedd, ac wedi sylwi ar rai o'r teithwyr eraill, oedd unai ddim yn Foslemiaid neu ddim hanner mor grefyddol, yn cerdded i ganol y *sugar cane* uchel wrth ochr y ffordd. Mi benderfynais inna gymryd mantais o'r cyfle.

Roedd y merched wedi mynd i'r chwith a'r dynion i'r dde, felly i'r chwith â fi. Taswn i'n gwisgo sgert, mi fyddai wedi bod yn hawdd, ond ro'n i'n gwisgo trowsus. Wrth gwrcwd y tu ôl i gnwd go drwchus o'r *sugar cane*, dyma fi'n ymlacio. Roedd y cwrcwd isel 'ma yn eitha anodd pan ddaethon ni yma gynta, ond gan 'mod i wedi hen arfer bellach, do'n i ddim yn poeni ryw lawer. Ro'n i'n rhy hyderus, mi ddisgynnais wysg fy nghefn efo coblyn o sŵn *sugar cane* sych yn clecian. Roedd y byd i gyd yn gallu 'ngweld i gyda 'nhrowsus am fy fferau, a'm bochau yn wenfflam, bob un ohonyn nhw. Bu'r merched eraill yn chwerthin a giglan yr holl ffordd i Bida. Mi ddarllenais i fy *Nigerian Tribune*.

Ionawr 18
Dwi'n 24 ers deuddydd. Mi ganais ben-blwydd hapus i mi fy hun, gwneud cerdyn i mi fy hun a chael pryd tri chwrs i swper. Grawnffrwyth ge's i'n bresant gan dad un o blant blwyddyn un i ddechra, ac yna stiw cig oen. Wel, dwi'n meddwl mai dyna be oedd o. Roedd 'na gig 'ffrothi' pinc ar stondin y 'cigydd' a phen dafad yn ei ganol. A phwdin bara menyn i goroni'r cyfan, ond ro'n i mor llawn, fedrwn i mo'i fwyta o, felly ge's i o i frecwast yn lle.

Mi wnes i wahodd y Ghanayans draw, ond doedden nhw ddim isio bwyd ('sgwn i pam?!) felly gawson ni botel neu ddwy o gwrw cynnes nes 'mlaen. Pan ddeudis i 'mod i am adael Pasg, aeth y ddau yn hollol dawel, ond dwi'n amau eu bod nhwtha yn gwybod ers tro pa ffordd roedd y gwynt yn chwythu. Mae Mr Mensah yn gwneud ei orau i gael lle mewn ysgol arall medda fo, ac os lwyddith o, mi fydd Mr Ogbodjor yn siŵr o fynd hefyd. Mae'r ddau wedi cael llond bol. Mi fasa'r ddau wrth eu boddau yn cael mynd adre i Ghana, ond does 'na jest ddim swyddi iddyn nhw yno. O leia mae gen i ddewis.

Dwi efo Terry yn Ilorin rŵan, yn darllen a thorheulo wrth y pwll nofio. Mae'n neis ei weld eto, ond rydan ni braidd yn swil efo'n gilydd. Doedd o ddim yn rhy hapus 'mod i heb droi i fyny am y lifft 'na i Lagos cyn Dolig. Ella nad ydw i mewn cariad wedi'r cwbwl.

Ionawr 20

Mi ddigwyddias i alw heibio Frankie y swyddog VSO yn Bida heddiw. Ro'n i wrthi'n gwneud paned i ni pan ofynnodd i mi ista i lawr. Es i'n annifyr i gyd yn syth. Mae pawb yn gwbod be sy'n dilyn y geirau yna mewn ffilm.

'I've some very bad news for you,' medda fo. Aeth fy ngheg i'n sych. O'n i'n meddwl yn syth am Mam, Dad, y teulu . . . 'Katie was killed in a car accident on Boxing Day,' medda fo. Do'n i'n teimlo dim, dim byd o gwbwl. Dwi'n gwybod bod Frankie yn meddwl 'mod i'n hen bitch galed, ond wnes i'm dangos unrhyw fath o emosiwn. Ro'n i isio gwybod y manylion, ond doedd 'na ddim.

Dim ond wedyn, pan o'n i ar fy mhen fy hun yn stryffaglu drwy'r mwd – y mwd fu'n gymaint o sioc i Katie a finna y tro cynta 'nw, dyna pryd dynnais i'r plwg. A cherdded i mewn i'r tŷ wedyn a gweld ei phetha hi ym mhobman: lluniau, ei hysgrifen hi. Mi fydd ei rhieni hi wedi torri eu calonnau. Roedden nhw'n meddwl y byd ohoni. Katie druan. Fedrai'm credu na wela' i byth mohoni hi eto, a dwi'n teimlo'n euog. Mi ddeudais i bethe mor ofnadwy amdani ar y dechra, a dwi wedi bod yn ei diawlio hi gymaint am beidio sgwennu.

Sgwennais lythyr hir, hir i'w rhieni hi heno, y llythyr anodda i mi ei sgwennu erioed. Dio'm bwys be ti'n ddeud, mae o'n swnio fel cliché, ac o'r herwydd, yn ffals.

Dwi'n ei chael hi'n anodd deud wrth bobol fan hyn, ddim yn siŵr sut i'w ddeud o, a ddim yn siŵr sut i gymryd y ffordd Foslemaidd o weld y peth. Roedd y Ghanayans yn ofnadwy o drist, ac mi ddaethon nhw draw heno efo poteli cwrw. Traddodiad Ghanayan, fatha wake Gwyddelig. Doedden nhw ddim isio fy ngadael i ar fy mhen fy hun, chwarae teg iddyn nhw.

Ble bynnag wyt ti Katie, os wyt ti'n gallu fy ngweld i rŵan, mae'n wir ddrwg gen i.

Ionawr 21

Daeth y prifathro draw pnawn 'ma wedi cael llythyr gan Frankie yn gofyn caniatâd i mi adael. Roedd o'n ofnadwy o ypset, er 'mod i wedi deud wrtho fo'n barod. Ond geiriad y llythyr oedd wedi ei gythruddo fo: 'for personal and professional reasons.' Da iawn Frankie, diolch yn fawr. Roedd o isio gwybod pam, be oedd o wedi'i wneud o'i le? Dim, medda fi, dim bai ar neb, dwi jest isio mynd adre. Ond mae o'n gwybod 'mod i'n casáu y blydi Ndako 'na drws nesa. A sôn am y bastad hwnnw, mi ddaeth draw eto bore 'ma i drio eto.

'Oh Bethan, please give me a chance. I will stay with you. I will not give up.'

'No chance! Go away!'

'Please, I beg . . . '

'@!!%*!!'

'Ah no Bethan, you are not serious.'

'I'm perfectly @!!%*! serious! Get lost!'

Mae o'n fy ngyrru i'n wallgo. Mi aeth yn y diwedd, ond gyda'r addewid y byddai'n rhoi cynnig arall arni. Dwi jest ddim yn gallu credu'r dyn. Dwi awydd gofalu bod 'na hogia ysgol yma efo fi tan yn hwyr bob nos. Tasen nhw'n gwybod am hyn, fydden nhw ddim yn hapus, dwi'n gwybod hynny. Ond wedi deud hynny, bechgyn ysgol ydyn nhw, be fedren nhw wneud? Jest bod yma?

Be sydd wedi digwydd i mi? Dwi'n teimlo'n *vulnerable,* yn wan a phathetig. Dwi'n casáu teimlo fel hyn. A dwi'n colli Katie.

Ionawr 26

Wrth ddod 'nôl o Bida efo llwyth o siopa, ge's i gwmni dwsin o ferched bach hanner noeth at yr afon, i gyd yn ffraeo am gael gafael yn fy llaw i. Dyma nhw'n fy nhynnu i dŷ Wusa, y ferch sy'n gwerthu bara i mi, a dyna lle'r oedd hi efo *veil* dros ei phen. Mae gen i ddigon o Nupe bellach i ddallt rhan o be sy'n cael ei ddeud, ac mae'n debyg ei bod hi newydd briodi. Roedden nhw'n mynnu 'mod i'n dod 'nôl i'r seremoni ar ôl cadw fy siopa, a dyna lle fues i, yn yfed munge a dawnsio yn y dull Nupe traddodiadol, sy'n eitha undonog a deud y gwir, bron fel dawnsio Llydewig i gyfeiliant y bongos. Daeth Gboya cyn bo hir – ac mae ei briodas o wedi ei gohirio. Wnaeth o'm deud pam. Che's i ddim gadael tan ymhell wedi hanner nos, ac er 'mod i'n hanner marw rŵan, mi wnes i fwynhau bob munud. Fel hyn oedd petha cyn i'r blydi Ndako 'na gyrraedd. Dwi'n osgoi mynd allan i'r pentre pan fydd o o gwmpas.

Chwefror 3

Mae'r dyn 'na wedi effeithio arna' i go iawn. Roedd 'na ddynion yn galw ar fy ôl i bob munud pan es i i Bida i nôl y post. Falle eu bod nhw wedi bod yn gwneud hynna erioed, ond 'mod i heb sylwi tan rŵan. Dwi wir wedi cael llond bol o'r holl beth. Fel pan dwi'n mynd i Minna i'r *Ministry,* mae rhywun yn help mawr am bum munud, yna'n llygadu a gofyn, *'Will you be my friend?'* Mae'r ail ddyn yn dod i helpu, ond ar ddiwedd y sgwrs, yn ysgwyd llaw a thynnu ei fys yn awgrymog ffiaidd ar hyd cledr fy llaw. Mae'r trydydd dyn yn arwyddo y darn papur. *'Do you have a husband here?'*

Yn y stryd, yr hisian, y llaw yn denu, *'Oyibo', 'Nsara!'* Ti'n gwenu'n gyfeillgar ar y dechra, ond mae o'n mynd yn fwrn. Merched gwynion yn *honorary men* o ddiawl. Digon hawdd deud ar y dechra, 'O, tyrd 'laen, dydi o ddim mor ddrwg â hynna, mae 'na ferched eraill yn ymdopi'n iawn. Dylai hogan gre allu ymdopi.' Ond y peth efo *sexual harrassment* ydi ei fod o fel tap yn dripian, fel artaith y Siapaneaid, dydi o byth yn stopio. Ar ôl cael gwared ag un Alhaji glafoeriog, ti'n siŵr dduw o gyfarfod un arall rownd y gornel nesa. Mae Kate, sydd hefyd ar ei phen ei hun, wedi mynnu mynd i le arall, at Kevin a Les, ac wedi sgwennu erthygl wych amdano fo ar gyfer y cylchgrawn VSO. Mi fedrwn inna symud ysgol mae'n siŵr, ond does 'na'm pwynt bellach, a does gen i mo'r galon.

Mae'r harmattan yn drwchus, gwynt a llwch ym mhobman, a does 'na'm pwynt dystio na sgubo. Dwi'n cael trafferth cysgu.

Chwefror 6

Dydi hi ddim yn 8.30 y bore eto a dwi'n nacyrd. Dwi'n dysgu 4C sut i ddefnyddio *inverted commas* (eto). Ryns uffernol ers hanner nos. Wedi gorfod rhedeg allan o'r dosbarth deirgwaith yn barod. Os na dwi'n gwella erbyn fory dwi'n mynd at y doctor.

Chwefror 7

Dwi'n waeth. Tybed oes gen i *amoebic dysentry?* Yn ôl y llyfryn: *'The more usual presentation is slow and insiduous . . . headache, malaise and insomnia, marked lethargy and fatigue.'*

Mi sgwennais i lythyr ato FO heno, ond wna' i'm postio hwn chwaith. Caiff fynd i'r bin, fel y lleill.

ISIO MYND ADRE.

Chwefror 8

Ar ôl siwrne echrydus o anghyfforddus i Bida, es i'n syth i glinic Lafiya. Gorfod talu naira i gofrestru. Mae fy mhwysedd gwaed yn iawn, a dydi fy iau ddim yn chwyddedig, felly ge's i Lomotil a rhywbeth ar gyfer poen bol a bil o ddeg naira – a gorchymyn i ddod 'nôl ymhen deuddydd os na fydda i'n well. Ro'n i'n hapusach yn syth. Heibio Don a Maeve, a'r peth cynta ddeudon nhw oedd 'mod i wedi colli pwyse yn arw. Wel, hen bryd. Mae pob VSO yn edrych fel brwynen o'r munud maen nhw'n cyrraedd Nigeria, tra dwi rioed wedi colli gram tan rŵan!

Chwefror 12

Dwi wedi bod yn waeth os rhywbeth, yn wan fel brechdan wlyb ac yn gorfod rasio allan o bob gwers a methu cysgu o gwbwl efo'r poenau mwya uffernol. 'Nôl â fi at y doctor heddiw a gorfod rhoi 'sampl' iddo fo mewn twb plastig dal ffilm camera. Doedd o ddim yn hawdd. Ge's i'r canlyniad heno: dim amoebas, ond peth wmbreth o rywbeth arall. Dwi ar ddau fath o antibiotics a thabledi lladd poen.

Chwefror 13

Mae'r gwahaniaeth yn wyrthiol! Dwi fel y boi unwaith eto, ac wedi cael gwersi da am y tro cynta ers wythnosau.

Daeth Umaru – sydd wedi dechra galw ei hun yn Abduilahi Umar oherwydd ei fod yn swnio'n grandiach – draw pnawn 'ma mewn coblyn o stad. *'Miss, you must help me.'* Dangosodd ei fys canol i mi. Roedd o wedi chwyddo hyd at deirgwaith maint y bysedd eraill, ac roedd o'n wyrdd. Ges i ffit, a deud wrtho y dylai fynd i'r clinic ar ei ben. Ond roedd ei ewyrth wedi deud wrtho na ddylai *byth* fynd i 'run 'sbyty nac at unrhyw ddoctor oedd yn defnyddio dulliau *'Nsara'*. Maen nhw'n lladd pobol, medda fo. Dwi ddim yn synnu ar ôl gweld safon glendid ysbyty Bida. Hec, roedd y creadur yn ei ddagrau, yn amlwg mewn poen arteithiol, ond yn poeni am ei enaid.

Ge's i sgwrs hir efo fo tra oeddwn i'n glanhau ei fys orau medrwn i efo chydig o Ddettol. Mi es i nôl nodwydd a *syringe* glân a'u rhoi iddo fo. Mi lwyddais i'w ddarbwyllo eu bod nhw'n rhai arbennig, yn lân a heb eu heintio. Petai o'n mynd i'r clinic, mi fyddai'r dyn yn gallu defnyddio'r rhain i roi pigiad iddo fo. *'Injection, Miss?'* Roedd ei lygaid fel ogofâu. Ond mi aeth, yn gafael yn dynn yn y *syringe* a'r nodwydd a'r dagrau yn powlio.

Mi ddaeth yn ôl heno, wedi cael pigiad, a methu dallt pam oedd y bys yn dal mor chwyddedig. Mi wnes i ei sicrhau y byddai'n well erbyn y bore, a lapio bandej amdano fo i'w arbed rhag ei heintio ymhellach. Gobeithio y bydd o'n iawn. Welais i rioed liw gwyrdd fel'na ar groen neb.

Dwi wedi trefnu antur i mi fy hun fory. Mi ddigwyddais sôn wrth Mr James 'mod i am fynd i Ilorin eto am y penwythnos, ac mi ddeudodd o nad oedd raid i mi fynd yr holl ffordd rownd drwy Bida a Kutigi, ei bod hi'n bosib llogi moto-beic am bris rhesymol i fynd â fi drwy'r bush ar hyd glannau afon Kaduna, at yr afon Niger. Waw! Felly mae o wedi trefnu lifft i mi ar gefn moto-beic ar ôl ysgol fory, am saith naira. Taswn i'n gwybod hyn o'r blaen, mi fyddwn i wedi gallu arbed ffortiwn.

Ge's i baned efo fo a'i wraig a'r picins (y plant) heno. Mae eu tŷ nhw yn f'atgoffa i o hen ffermdy bach hen ffasiwn fûm i ynddo unwaith ym Meirionnydd, yn isel a thywyll a'r dodrefn i gyd ar ben ei gilydd, er cyn lleied oedd yno. Roedd yr ogla yr un fath hefyd, yn fyglyd a chlòs a hynafol, ond mor braf. Mae te gwyrdd pobol leol wastad gymaint gwell na'r stiw fydda i'n ei wneud.

Roedd Mrs James isio gwybod os oedd hi'n wir ein bod ni'n hel hen bobol allan o'u cartrefi a'u rhoi mewn lleoedd oedd â dim ond hen bobol ynddyn nhw. Mi ddeudais i'r gwir wrthi, gyda chymorth Mr James, gan nad ydi ei wraig yn siarad fawr mwy na dau air o Saesneg. Roedd hi wedi dychryn. Yn Gbara, fel yng ngweddill Nigeria, yr hen bobol ydi'r bobol bwysica yn y pentre. Maen nhw'n cael eu parchu at y diwedd un, ac aelodau iau y teulu yn mynd atyn nhw am gyngor a chymorth o hyd *'because they have been in this world for much longer and therefore they know.'* Gan fod y teuluoedd yn rhai estynedig, does 'na byth drafferth nyrsio rhywun sy'n sâl, ac mae'n fwy na dyletswydd, meddai Mr James, mae'n fraint. Does 'na neb yn poeni am heneiddio, maen nhw'n gwybod y bydd eu teluoedd gyda nhw waeth beth digwyddith. Es i adre yn teimlo cywilydd.

Chwefror 16

Doedd 'na ddim gwersi ddydd Gwener wedi'r cwbwl. Mae David Mark, llywodraethwr Niger State yn dod yma am ymweliad swyddogol wythnos nesa, felly roedd pawb yn gorfod glanhau a thwtio fel ffylied. Heblaw Umaru, ac mae'r bys yn bendant yn llai. Diolch i'r nefoedd.

Daeth dyn y *machine* am 10.30, yn mynnu ei fod o isio mynd *'now, now'*. Iawn, dal dy ddŵr, ac ro'n i wedi pacio ac yn barod i fynd erbyn un ar ddeg.

Roedd y siwrne yn arallfydol, yr orau eto, a finne wedi anghofio dod â'r camera. Mi fuon ni'n gyrru yn weddol bwyllog – does 'na fawr o lwybr yno – am awr drwy dyfiant gwyrddlas, cnotiog, trwchus; coedwig drofannol o le, gyda choed na welais eu tebyg erioed, yn fwncïod ac adar bendigedig ym mhobman. A finne dan yr argraff fod 'na'm bywyd gwyllt gwerth sôn amdano fo ffordd yma. Roedd y dyn yn taeru bod 'na grocodeils yn y pen yma o'r afon, ond ro'n i'n ei amau o rywsut. Ro'n i'n gwenu yr holl ffordd, yn wwian ac aaian bob yn ail funud, nes roedd y dyn yn chwerthin efo fi.

Toc wedyn, dyma ni'n cyfarfod dyn efo crocodeil yn hongian dros ei gefn. Ge's i haint, ond o sbio'n agosach, homar o fadfall oedd o, yn bum troedfedd dda o'i drwyn i ben ei gynffon. Mi ge's i gynnig ei brynu gan yr hen ŵr. *'A – a, gwbetwin!'* a gwrthod yn y modd clenia bosib.

Cyrraedd y Niger fawr, fudur wedyn, a thalu naira am ganŵ i'r ochr draw. Mae hi'n afon a hanner, ac mi gymerodd ugain munud i'w chroesi, hyd yn oed efo motor ar gefn y canŵ. Pategi ydi enw'r pentre yr ochr arall, ac ro'n i'n gwybod bod 'na wersyll Biwaters yno. Maen nhw ym mhobman. Tyllu yn y ddaear maen nhw, i greu tyllau dŵr i arbed pobol rhag gorfod defnyddio dŵr budr yr afonydd, a chario bwcedi am filltiroedd.

Ge's i fws i'r gwersyll, a phwy oedd yno ond Gordon, un o hogia Ilorin, ar ei ffordd yno o fewn y pum munud nesa. Lwc mul unwaith eto, myn diaen i. Fedrwn i ddim peidio sylwi ar ddyn atyniadol iawn yn gwenu arna' i o'i Landrofer glas. Mmm, neis iawn wir. Pwy, tybed, oedd o?

Aros efo Wendy, sydd wedi cael cerdyn ffolant. Che's i 'run. Mi welais i Terry, ond rydan ni'n fwy o ffrindie na dim byd arall rŵan. O, wel. Dwi'n mynd adre toc beth bynnag.

Roedd 'na barti nos Sadwrn, a dynion Pategi wedi dod draw. Roedd Mr Pishyn efo nhw. John ydi ei enw o, Geordie o Newcastle. Dwi rioed wedi clicio mor sydyn efo neb. Mae o'n gwneud i Terry edrych fel hogyn bach pump oed. 'Young pup' roedd John yn ei alw o. Ge's i gynnig mynd 'nôl i Pategi efo nhw, ond aros efo Wendy yn hogan dda wnes i, a methu cysgu drwy'r nos yn difaru f'enaid.

Mi fues i'n ystyried mynd 'nôl via Pategi, ond do'n i ddim wedi trefnu moto-beic i ddod i 'nghyfarfod i. Cicio fy hun eto. Ddois i'n ôl drwy Bida, a nofio ar draws y Kaduna, gyda 'mag ar fy nghefn, oherwydd ei bod hi mor boeth a finna mor fudr, a dim awydd aros i'r canŵ groesi draw ata' i. Roedd o'n hyfryd.

Dwi isio gweld John eto. Typical. Dyn go iawn o'r diwedd, a dwi'n gadael ymhen mis.

Chwefror 18

Mae'r dyddiad gadael yn nesáu, a dwi'n teimlo'n rhyfedd. Mi fûm yn gwylio Musa a Yahaya yn chwarae badminton heno, ac roedden nhw'n gwneud campau gwirion er mwyn gwneud i mi chwerthin. Ge's i lwmp yn fy ngwddw ac es i'n sopi i gyd. Ydw i wir isio eu gadael nhw yma efo'r athrawon o uffern eraill 'na?

Methu peidio meddwl am John chwaith. Mi fasa taith arall drwy'r goedwig hudol 'na yn neis.

Mae'r plant yn fy holi dragwyddol pam 'mod i am adael. Dwi ddim yn siŵr. Gwrando ar fy nhâp o'r Top 20 gynna, a dechra dawnsio o gwmpas y tŷ i gyfeiliant 'The Heat is on' Glenn Frey. Mae o mor addas a finna'n berwi fan hyn, mewn mwy nag un ffordd. Daeth Gimba i mewn efo golwg druenus ar ei wep. Mae ganddo yntau fys chwyddedig, ond ddim hanner cynddrwg ag un Umaru. Mi wnes i ei olchi efo Milton – does gen i ddim Dettol ar ôl – a rhoi Savlon a phlastar drosto, a rhoi'r botel Milton iddo fo a llond amlen o wlân cotwm iddo ei lanhau ei hun. Mae cael gwneud rywbeth fel'na yn rhoi cymaint mwy o 'gic' i mi na dysgu Saesneg i blant fel Gimba, sydd am fod yn bysgotwr fel ei dad, a fydd byth yn gorfod defnyddio'r iaith, heb sôn am allu defnyddio dyfynodau a gwerthfawrogi Shakespeare. Mae hyn gymaint mwy defnyddiol ac ymarferol. Dwi'n dallt rŵan pam mae pobol isio bod yn ddoctoriaid a nyrsus.

Sy'n dod a fi yn ôl at John.

Chwefror 26

Agor fy mhaced olaf un o saws caws heno, wedi ei gadw i sbwylio fy hun ers misoedd. Roedd y blydi peth yn llawn cynrhon a *weevils*, felly pigo'r rhai mwya allan a choginio'r gweddill. Dim pwynt bod yn ffysi fan hyn. Mr James yn deud ei bod hi'n 44° gradd heddiw. Cythreulig o boeth. 3 bath y dydd, chwysu galwyni, golchi 'nillad gwely rownd y rîl, 'ngwallt i fyny drwy'r dydd, methu ei ddiodde i lawr. Edrych ymlaen at yr oerfel adre.

Wedi cael penwythnos da. Daeth hogia Biwaters Minna heibio am dro, isio gweld yr enwog Gbara cyn i mi adael. Mi gyrhaeddon tua phump a llond Landrover o bethe bendigedig mewn *cool-box* efo nhw. Cael disco yn y pentre fin nos, a'r bobol leol wedi gwirioni efo'i campau nhw. Gwneud lei-cecs i frecwast. I'r pentre, a'r drymwyr yn digwydd bod yno, felly cafwyd cyngerdd bach *impromptu* – grêt! Yna i'r afon, nofio a llogi canŵ. Roedd Gbara yn edrych yn fendigedig, haul tanbaid, a phlymio oddi ar y canŵ yn achlysurol. I'r bush wedyn ac yfed gwin palmwydd. Y pedwar wedi mwynhau yn arw. Dwi wrth fy modd yn gwneud hyn. Ella ga' i swydd efo bwrdd twristiaeth Nigeria?

Adre am baned a bwyd a gadael Gbara. Ge's i lifft i'r ffordd fawr a bodio i Minna. I'r *Ministry* ddydd Llun i ymddiswyddo yn swyddogol, wel am brofiad. Gweld y bobol anghywir un ar ôl y llall a chael fy mhoeni nes ro'n i bron â chrio. Roedden nhw'n ffiaidd efo fi. Felly yn lle mynd i Gbara fel hogan dda, wnes i ddeud 'Stwffio nhw! Dwi'n cymryd diwrnod i ffwrdd'. Ac es i i Biwaters am y noson. Cynnwrf mawr tra o'n i yn y pwll nofio. Roedd y ffermwyr lleol yn llosgi'r tyfiant, ac aeth gwreichion dros y ffens i *Plant Yard* Biwaters lle mae 'na beth wmbredd o sylindrau nwy . . . Bang! Kpow! Gwerth chwarter miliwn o naira yn lludw.

Mae 'na sŵn mawr wedi bod y tu allan i'r stafell athrawon drwy'r dydd. Mae'r pentrefwyr wedi cytuno i adeiladu dosbarthiadau newydd, ac wrthi'n gosod y sylfeini rŵan. Tyllu'r ddaear ac yna ei lenwi efo cymysgedd o fwd a gwellt. Mae 'na ryw dri deg ohonyn nhw wrthi yn cymysgu'r stwff efo'u traed a'u rhawiau a dau ddrymiwr dan y goeden yn cadw rythm.

Panics yn yr ysgol echdoe. Dwi'n cael fy nghyflog drwy'r banc, ond mae'r rhan fwya o'r lleill yn ei gael mewn arian parod gan glerc yr ysgol. Mae o wedi diflannu efo'r pres i gyd! Bu'r prifathro a'r dirprwy yn Bida echdoe tan dri y bore yn holi a chwilio.

Un arall o'r VSOs yn priodi dyn lleol mewn pythefnos. Disgwyl babi ers pum mis a hanner.

Un arall yn Kwara State newydd gael ei bost cynta ers pum mis. 55 o lythyrau!

Chwefror 27

Dal dim golwg o'r clerc. Mae pawb wedi bod yn bifish drwy'r dydd. Gan fod y rhan fwya o'r rhegi a'r bygwth yn Nupe, dwi ddim yn deall llawer o'r geiriau, ond mae'r emosiwn yn berffaith glir. Mae Mr James druan wedi bod ar fin dagrau drwy'r dydd. Fe gân' nhw eu cyflogau, ond ddim am dipyn. Dwi wedi rhoi benthyg chydig i Mr James, ar yr amod nad ydi o'n deud wrth y lleill.

Gan fod dosbarth 4 yn dal i stryffaglu gyda'u darllen a deall, mi benderfynais ddefnyddio llyfr hollol wahanol i'r gwerslyfr, a darllen stori dylwyth teg iddyn nhw, o'r enw *'Long, Broad and Sharpsight'*. Mi weithiodd yn berffaith. Mae'n amlwg eu bod nhw wrth eu bodd efo straeon fel'na. Ond ge's i socsan tra'n sôn am y tywysog yn gwrthod priodi hyd nes y deuai o hyd i'r dywysoges brydfertha yn y byd. *'Like you, Miss,'* meddai Mohamed Zubairu, sydd yn ei dridegau. Mi gochais at fy nghlustiau yn syth bin, ac anghofio'n llwyr lle'r o'n i. Dim ond eiliad o ddryswch oedd ei angen, ac mi gollais i reolaeth yn rhacs. Dechreuodd pawb chwerthin o weld fy mochau i'n un poetsh mawr tomato, a'r munud nesa, roedden nhw i gyd yn gweiddi *'I wish to marry you Miss!'* *'No, me, Miss, marry me!'* Ro'n i isio diflannu dan y bwrdd. Ond ro'n i'n gwenu fel giât hefyd.

Ge's i awydd sydyn i fynd i Bategi eto cyn gadael, felly mae Mr James wedi trefnu y moto-beic i mi eto. Fydd 'na neb yn fy nisgwyl i, a 'falle na fyddan nhw yno, ond dwi am fynd beth bynnag. Efo cyn lleied o amser i fynd, dwi wedi mynd reit wallgo, ac yn gwneud penderfyniadau ar amrantiad. Pam lai?

Mawrth 3 – Dydd Llun

Annwyl Ddyddiadur,

Dwi mewn cariad. Dwi wedi bod yn Pategi efo John drwy'r penwythnos, a dwi wedi gwirioni 'mhen yn lân. Dwi'n teimlo'n gynnes i gyd ac isio canu ar dop fy llais a tase 'na fwy o wynt, mi faswn i'n gallu hedfan. Ond yr hanes:

Fore Gwener, fe gawson ni gyfarfod staff, ac fe gyhoeddodd y prifathro 'mod i'n gadael. Aeth y lle fel y bedd, a phawb yn sbio arna' i. Roedd y Ghanayans a Mr Mensah yn gwybod eisoes wrth gwrs, ond roedd o'n dipyn o sioc i'r lleill, yn enwedig i'r sprych Ndako 'na. Mae o'n gwybod yn iawn bod ganddo fo rôl flaenllaw yn hyn.

Ar ôl chydig o sgwrs a gwin palmwydd dan y goeden efo Mr Ogbodjor, daeth dyn y *machine* ac i ffwrdd â fi, a'r plant bach yn rhedeg a chwerthin ar ein holau. Roedd y siwrne yn fwy trawiadol fyth. Roedden nhw'n llosgi darn o'r goedwig (er mwyn cael mwy o dir amaethyddol, mae'n siŵr) ac er bod y peth yn drist, roedd o'n wefreiddiol i'r llygad: duwch trwchus yn gymylau gwallgo a fflamau enfawr coch a melyn yn cael eu taflu i bobman gan y gwynt. Adar ysglyfaethus yn hofran ym mhobman, yn barod i fachu unrhyw greadur fyddai'n ei heglu hi o'r coediach, gwres llethol ar fy mochau a methu gweld affliw o ddim pan oedden ni'n gyrru drwy ganol y mwg, a'r arogl llosgi. Roedd o'n wirioneddol wych – a finna wedi anghofio'r blydi camera eto!

Mi gyrhaeddais i Pategi tua phedwar o'r gloch, a cherdded i mewn i'r bar yn edrych fel dynes wyllt o'r mynyddoedd. Wnes i ddim deall pam roedd pawb wedi chwerthin nes i John fy hebrwng i'r lle chwech yn wên o glust i glust, a gadael i mi weld fy hun yn y drych. Roedd fy wyneb i'n llwch du drosto a 'ngwallt i fel taswn i wedi bod mewn corwynt. Ar ôl cawod boeth, hyfryd a môr o sebon a siampŵ efo ogla bendigedig, ge's i noson wych. Roedd John wedi cael coblyn o sioc, ond yn fwy na hapus 'mod i wedi penderfynu galw. Mi ge's i fy sbwylio'n rhacs.

Mi fuon ni'n crwydro'r ardal yn y Landrover, i bentrefi anghysbell, lle'r oedd y trigolion yn syllu arna' i a'u cegau yn agored. Doedden nhw erioed wedi gweld merch wen o'r blaen. Ge's i fodd i fyw efo'r plant, wedi iddyn nhw gael y gyts i ddod ata' i. Crio wnaeth ambell un ohonyn nhw ar y dechra, a gyrrwr John yn egluro: *'They think you are give them injection.'*

Mi fuon ni'n gwylio fideos da ac anobeithiol, o Billy Conolly i *The Hills Have Eyes.* Ge's i gig eidion a phwdin Efrog i ginio dydd Sul a John yn gyrru gwefrau drwydda' i dim ond iddo fo sbio arna' i. Dwi wedi cael hanes ei fywyd o; mi gafodd fagwraeth galed efo *guerriers* Newcastle, ac mi fu mewn sawl picil, ond mae o wedi callio ers cyrraedd ei ddeg ar hugain medda fo. Yn bendant, mae o'n gwybod sut i drin merch. Mae o isio i mi ddod 'nôl eto, ac mi wna' i fy ngorau glas. Alla' i ddim credu ei fod o wedi bod yma drwy'r adeg, a dim ond rŵan dwi'n ei ddarganfod o.

Mi fynnodd 'mod i'n aros nos Sul hefyd, felly mi wnes, ac mi godon ni'n gynnar er mwyn i mi drio cyrraedd Gbara ar gyfer y wers gynta. Mi dalodd bum naira i'r canŵ fynd â fi drosodd *'now now'* a rhoi coblyn o gusan hir i mi o flaen y pysgotwyr i gyd, nes roedd rheiny'n gweiddi a chwerthin. Roedd fy mochau i yr un lliw â'r awyr, welais i rioed wawr debyg yn fy myw. Roedd hi'n binc a choch a phiws ac adar duon yn hedfan heibio mewn siâp V, a hanner cylch o haul oren-goch anferth ar y gorwel. Mi safodd John ar y lan yn codi ei law arna' i am hir, a gweiddi arna' i 'mod i'n union fel golygfa allan o'r *African Queen.* Roedd o'n iawn, ac ro'n i mor anhygoel o wirion o dros ben llestri o hapus, mi ddechreuais i grio. Nes i yrrwr y canŵ ddechra chwerthin.

Doedd 'na ddim moto-beic yn fy nisgwyl yr ochr draw wrth gwrs, ond mi roedd 'na hanner dwsin o'm disgyblion o gwmpas y lle, y rhai fydd byth yn cyrraedd tan ddydd Mawrth ac yna'n diflannu ar ddydd Iau. Gyda'u cymorth parod (iawn!) nhw, ge's i hyd i ddyn efo moto-beic, oedd yn dal yn ei wely. Ar ôl i hwnnw gael cyfle i 'molchi yn yr afon, newid a deud ei bader, ge's i lifft i Gbara a chyrraedd hanner ffordd drwy'r wers gynta.

Mi fues i'n cysgu drwy'r pnawn, yna gwrando ar Thin Lizzy a *'Smooth Operator'* Sade tra'n hel meddyliau hirfaith a sensoradwy am John. Mae gen i awydd mynd am Lagos via Pategi. Os alla' i fynd ar gefn un beic, a 'nghês i ar gefn un arall, dwi ddim yn gweld y bydd 'na broblem. Mae tri chwarter fy nillad i wedi breuo yn dwll, felly fydd gen i fawr o lwyth i fynd adre efo fi, ar wahân i'r blancedi Bida dwi'n pasa eu prynu. Maen nhw'n wirioneddol hyfryd, yn lliwgar a chywrain a dwi am orchuddio lle bynnag

fydda i'n byw pan a' i adre efo pethe fydd yn f'atgoffa i o Nigeria.
Dwi isio gweld John.

Mawrth 6 – Nos Iau

Ar ôl marcio llwyth o bapurau prawf trychinebus bore ddoe, a meddwl am y noson hir, unig oedd o 'mlaen, ge's i air yng nghlust Mr James, ac o fewn ugain munud, roedd sŵn y *machine* wrth fy nrws!

Doedd y siwrne ar y beic ddim hanner cystal y tro yma, popeth yn sgerbydau duon a llwch drewllyd oedd yn mynnu mynd fel magned am fy llygaid, a chanŵ o'r oes a fu oedd wrth lan yr afon. Ugain llath i mewn i'r afon, mi ddechreuodd ollwng dŵr, a bu raid i mi fêlio efo mwg plastig yr holl ffordd. Ond roedd y siwrne yn werth y drafferth, ge's i noson i'w chofio. Roedd y dynion eraill yn tynnu coes yn arw, yn deud bod John wedi bod fel llo ers dyddie yn mwmblan yn ei gwrw *'I think I'm in love . . . '* YES!!

Dwi wedi trefnu fy lifft olaf un: bydd dau feic yn dod â fi a 'nghês at lan yr afon Niger, bydd Landrover yn fy nisgwyl yr ochr draw, a bydd John yn mynd â fi i Ilorin, lle ca' i dacsi i Lagos – ar ôl penwythnos cyfan efo fo.

Dwi ddim isio mynd.

Ro'n i wedi trefnu bod y beic yn fy nisgwyl yr ochr draw am chwech, ac aeth John â fi at yr afon eto. Sws glec tro 'ma, gan ein bod ni'n hwyr ac Audu dyn y *machine* yn fy nisgwyl ers dros hanner awr. Roedd o wedi prynu llwyth o bysgod erbyn i mi gyrraedd, a bu raid i mi rannu'r sêt efo nhw – tomen o betha oer, gwlyb, drewllyd – yr holl ffordd i Gbara. Y peth cynta ddeudodd dosbarth 4 pan ruthrais i mewn i'r wers oedd: *'You are polluting the air, Miss.'* Diawlied digywilydd.

Dwi wedi bod yn pacio a thacluso a dod o hyd i anrhegion i'w rhoi i wahanol bobol. Mae gen i fwy nag o'n i wedi meddwl. Mae'r athrawon fel fulturiaid o gwmpas y lle, yn cyd-adrodd *'What will you give me?'* Mae hyd yn oed Ndako a'r crinc Francis y dirprwy yn meddwl 'mod i'n mynd i roi rywbeth iddyn nhw. Ddim ffiars o beryg.

Mae 'na gwrs VSO yn Bida y penwythnos yma, felly cyfle gwych i roi stwff i'r VSOs eraill a phrynu mwy o ddefnydd a blancedi.

Mawrth 10 – Dydd Llun

Roedd y cwrs yn un digon difyr, a phawb wedi gorfod paratoi darn ar wahanol bynciau. 'Merched ar eu pennau eu hunain' oedd byrdwn Kate a finna. Mi fuon ni'n traethu yn danbaid ar y pwnc, ac roedd 'na drafodaeth gall iawn wedyn. Dwi'n meddwl bod y swyddogion wedi dallt bellach pa mor anodd ydi o, ac maen nhw'n mynd i ofalu o hyn allan fod merched sy'n cael eu rhoi yn yr un sefyllfa â Kate a finna yn cael mwy o gefnogaeth. Mi wnaeth Frankie dynnu sylw at y ffaith fod Maeve wedi bod yn berffaith hapus ar ei phen ei hun ers dwy flynedd, ond chwarae teg iddi hi, mi fynnodd na fyddai hi wedi gallu ymdopi cystal pe na bai Don wedi bod gyda hi bob penwythnos. *'If I had to live by myself in a place like Gbara, I would have gone home months ago.'* Bron i mi ei chusanu hi. Dwi'n teimlo'n ofnadwy o euog 'mod i'n mynd cyn fy amser, ond mae clywed petha fel'na yn falm enaid. Dwi'n gwybod hefyd bod rhai yn gweld y busnes Bahamas 'ma yn *cop out* llwyr. Ydi mae o. Ond tasen nhw wedi cael cynnig yr un peth, fydden nhw wedi gwrthod? Go brin.

Roedd hi'n od mynd i'r *Cool Spot* am y tro ola'. Ge's i drafferth ofnadwy i ffarwelio efo pawb. Rydan ni i gyd wedi addo cadw mewn cysylltiad a chael aduniad ymhen rhyw flwyddyn, ond dwi'n gwybod na fydda i'n gweld eu hanner nhw byth eto. Rois i lond sach o betha i Don a Maeve.

Es i heibio i'r chwiorydd a rhoi posteri a llyfrau iddyn nhw, yna i swyddfa'r post i nôl fy llythyrau olaf (roedd 'na un gan Mam) ac ysgwyd llaw am hir efo'r dyn hyfryd sy' wedi llwyddo i godi 'nghalon i gymaint o weithie, a rois i grys T iddo fo. Heibio i'r dyn stondin Bournvita wedyn a rhoi casét Bob Marley (ei arwr) iddo fo. Ge's i fwg o Bournvita am ddim ganddo fo. Erbyn cyrraedd y farchnad fach i chwilio am fws i Dancitagi, ro'n i'n torri 'nghalon.

Mawrth 12   7.30pm

Dwi ar fy ffordd i'r parti *send-off* mae'r athrawon wedi ei drefnu ar fy nghyfer i. Mae heddiw wedi bod yn ddiwrnod ffantastig. Roedd 'na gêm bêl-droed er fy mwyn i bore 'ma, efo un o'r peli gawson ni gan Ysgol y Gader. Roedden nhw wedi gosod rhes o ddesgiau ar gyfer y prifathro a'i wragedd, Francis a finna, gyferbyn â'r cae, ac er ei bod hi'n goblyn o gêm dda, roedd hi'n anodd ei gweld drwy'r holl lwch. Dwi'n dal i fethu dod dros pa mor galed maen nhw'n cicio'r bêl (a'i gilydd) yn gwbwl droednoeth.

Roedd un o hogia bach yr ysgol gynradd yn sefyll o 'mlaen i drwy'r cwbwl, yn syllu i fyw fy llygaid ac yn mwytho fy llaw. Mae o wedi bod yn galw heibio i'r tŷ yn rheolaidd ers misoedd rŵan, ac mae o'n gariad bach. Musa ydi ei enw o, a tasa'r peth yn bosib, mi faswn i'n ei fabwysiadu er mwyn mynd â fo adre efo fi. 'Dan ni'n fêts, fi a fo. Pan ddaeth o heibio ddoe, mi bwyntiodd at lun ohona i ac ymbil efo'i lygaid, a do, mi rois i o iddo fo, a phâr o *drainers* hefyd. Mi fyddan nhw'n ei ffitio fo ryw ben, siawns.

Ar ôl y gêm, daeth pob dosbarth at ei gilydd, ac mi fu Mr James yn tynnu lluniau ohonof fi yn eu canol nhw. Mi gymerodd oriau, gyda phawb yn cega lle'r oedden nhw am sefyll ac ati. Ro'n i'n teimlo fel seren Hollywood!

Mi fues i'n trio dysgu drwy hyn i gyd, yn rhoi tips munud olaf, rhannu llyfrau, beiros ac ati. Daeth dosbarth 2 draw i ganu *'Heads, shoulders, knees and toes'* i brofi eu bod nhw'n dal i gofio ers llynedd!

Daeth Frankie draw yn y pnawn, i hel y bocseidiau o stwff sydd i'w rannu rhwng y VSOs eraill: y stôf a'r ffilter dŵr ac ati. Ac yn anffodus, aeth am sgwrs efo'r prifathro a sôn am *sexual harrassment* yndo . . . mi allwn i fod wedi crogi'r lembo. Do'n i ddim isio i'r peth gael ei ddeud yn swyddogol fel'na. Dwi ddim isio gadael efo cwmwl fel'na y tu ôl i mi.

Nes 'mlaen, roedd 'na sioe gan y clwb drama, o bawb. Ge's i ffit, roedden nhw'n wych ac yn wirioneddol ddigri. Wedyn, dyma nhw'n rhoi anrhegion i mi, wedi eu prynu gyda phres y disgyblion a'r athrawon, sef potyn a phlât anferth o Bida Brass. Bu rhai yn gwneud areithiau, ac wedyn ro'n i'n gorfod gwneud un hefyd. Jest iawn i mi dorri i lawr ar ei chanol hi, felly mi'i cadwais hi'n fyr.

Bore Iau

Roedd parti'r athrawon yn wallgo. Roedd y prifathro wedi trefnu llond crêt o Cokes, 7 Ups a chwrw Star ac wedi cael llond gwlad o ddrymiau croen gafr o rywle. Ond erbyn i'r seremonïa ddechra, roedd hanner yr athrawon yn chwil, wedi bod ar y munge yn go hegar ers y pnawn, ac yn mynnu traddodi areithiau anodd eu dallt oedd yn mynd 'mlaen am byth. Ond wedyn, diolch byth, roedd 'na fwy o drefn ar barti'r disgyblion, a'r amserlen wedi ei theipio yn daclus ar ddarn o bapur! Eitem wyth oedd *'Breakdance by Miss Bethan'*. Bron i mi dagu ar fy nghwpan munge. Ond roedden nhw o ddifri, a bu raid i mi 'body-popio' a cheisio troi fel het ar fy nghefn ynghanol y llwch a'r tywod am oes, i gyfeiliant pawb yn clapio a sgrechian a chwerthin *'Yes! Go for it Miss Bethan!'*

Aeth y dawnsio 'mlaen am oriau, ac o'r diwedd, dyma'r prifathro yn cyhoeddi ei bod hi'n bryd i bawb noswylio. Roedd Gboya a'i griw yn gaib erbyn hyn, ac yn trio fy llusgo i'r pentre am fwy o funge, ond daeth Mohammed Zubairu a Musa A. Baba, dau o hogia mwya dosbarth 4 i'm hachub a'm hebrwng yn ôl i'r tŷ, yn barchus fonheddig. *'You are fine now Miss Bethan, but you should lock the door. Goodnight, goodbye and Allah protect you. We will never forget you.'*

Mawrth 14

A dyna ni. Dwi ar y ffordd i Lagos, ac wythnos i heddiw mi fydda i yn y Bahamas. Mi adewais i Gbara am ddau o'r gloch pnawn 'ma, fi ar gefn un beic modur, a 'nghês anferthol i ar y llall. Dwi wedi rhoi bron bob dim sy' gen i yn anrhegion i'r athrawon a'r plant ysgol sydd agosa at fy nghalon i, ac roedd y genod wrth eu boddau efo fy nillad i, er bod gwaith trwsio garw ar ambell ddilledyn. Jest i mi grio pan ddeudodd Mohammed Zhitsu ei fod o'n fy ngharu i . . . 'ngwashi! Fo gafodd y *ghetto blaster*.

Roedd yr hogia ffyddlonaf wedi dod draw i ffarwelio am y tro ola', ac mi fues i'n ysgwyd eu dwylo am hir. Ro'n i isio crio, ond ro'n i'n gwneud fy ngorau i beidio. Mi ddringais ar gefn y beic, codi llaw, ac i ffwrdd â ni. Mi drois yn ôl i sbio, ac roedden nhw i gyd yn dal yno, yn eu crysau gwynion a'u siorts duon yn codi llaw. Wedyn aeth hi'n anodd eu gweld nhw.

Anghofia' i byth mo'r ddwy flynedd 'ma. Do, mi fuo 'na gyfnodau pan o'n i isio rhedeg adre at Mam, ond dwi mor falch 'mod i wedi dod. Ella 'mod i wedi dysgu mymryn iddyn nhw, ond maen nhw wedi dysgu cymaint mwy i mi. Roedd 'na dwr o'r plant cynradd acw bore 'ma, yn chwarae efo 'ngwallt i, yn cyffwrdd fy mreichiau i, gafael yn fy llaw i a syllu i fyw fy llygaid i.

Does 'na'm angen geirie weithie, nac oes?

Llythyrau o Gbara

Govt: Day Secondary Sch. Gbara,
P.M.B 7,
Bida,
Niger State of Nigeria.
30th APRIL 1986.

Dear Miss Bethan,
How are you? I was really please
to writte you this letter, I'm very well here in Gbara.
Work is fine, and we have just been sent some new
teachers. I had malaria a few days ago, but I'm very
heathy healthy now. My family greets you, they always
asking me about you that you are not going to come
back to our Country again, and I told them that you
leave Nigeria to your own country which is to
Wales for final not coming back again

Miss Bethan I'm very sorry, because I made
you an offence, Because since you left our country to
yours you haven't see my letter up to now please you
have to be sorry with me, the reason why
I said that you may think that I am not a good boy
because what you did to me during when you are in Nigeria
Iam still remme remember it. Iam pray that I should
remember you from now till the end of my Life, Even
if I pass out from this secondary school and goe to
University is Compulsory for me to respect you because
I recieve some thing frome you before.

Since you leave we have no English teacher up to
now. We all know what you did when are in Nigeria
and now we get our new Head boy whose name is Alhassan
Ndatsu 4A he is a native of Gbara town Depety
Head boy is Audu Yahaya he is a native of Margi.
I will Marry in 1788 between January to to March
during when I was in form six (6) If atall they said
you are in Nigeria like said you are in Gongola state
I will try to invit to come to my marriage ceremony.
And since you leave we miss you badly the day you
leave here is an unforgettable day I think is Da
Ba March 15th 1986. This letter is send by Alah
Alah Abdullahi Umar (SQUACH) that is my guy name
from Lenfa—kuso, even if I didn't said this letter
is send by me Once you see my hand writting you
will under stand that this letter is send by Abdullahi Umar.

148

Our class members said that they select as are their class Monitor, but the teachers they are not agree to choose. So now we have no class monitor, but I'm just stand for then if I'm their class monitor some teachers decide to choose Molagana Mohammed Giragi but class members they are not agree with their point. Because our former monitor become Laboratory prefect that is why they want to select new class monitor. So now I said I'm just staring here with out any prefect. And still we form 4(four) we are still fetching water to the staff, also we still coming to everthing activiti which is general work. Also in our school they arest some of us to court because they are let coming to school when they are going on holiday when it is time for then to come back they don't want to come back to school again. I hope I will hear from you soon. I'm looking forward for your enext exciting letter.

your's faithfully

Abdullahi Umar

Government Day Sec: Sch: Gbara
P. M. B. 7,
Bida,
Niger State of Nigeria.
23rd MAY 1986.

Dear Miss Bethan Evans,

How are you? and how
is your family over there. I was really pleased to
write you this very letter. I'm very well here in
Gbara, work is fine. I writte you One kind of letter
30th March 1986 Last two Month ago and also another
letter to you on 30th April 1986 still I am looking forward
for your next exciting letter but I didn't see
your replied up to now.

Form five (5) of this year in Niger State they
are already finished their Mock Examination, but
and also some of their result are now coming back
but some are yet to back and now they are also
starter their G. C. E. Examination on 16th of May 1986
on friday and their first subject is Biology and they
are going to take their second subject 26th of May 1986
which is English. I think they are going to finish
their Examination by the end of next Month of this
year. Also we form four down ward we are going to
start our promotional Examination the middle of june 1986.

Miss Bethan I think you still remember
the ward fasting in the month of Ramadan, So now
we are in the period of fasting and we have about
15 today. We have been sent new English Master and
his name is Mr Sam Numekevor that man is
a Ghana Man he come from Ghana. He arrived in
the our school the Government Day Secondary School
School Gbara which is our school On 1st of May
1986. That Man is taller than Mr C. O. Ogberjor

And his formal situation or his formal school is Government College of Bida and they transfer him to our school.

We have been reported to the court of Gbara we are four in number in our village the reason why is because we came late to school about two weeks according to Mr Justice he said they suppose to recieve ₦12.00 with each person and also we recieve six bulala and we have no any problem in the court. My father have an expesive car which is Volve is new one tasting, also he is now prepare to go to pilgrimeage which is Saudia Arabia so they are going to start their journey after the end of fasting in Ramadan. We have the biggest guest visit to our school (Home) the Governor of Nigerstate On 9th May 1986 who is Lt. Col. David A. B. Mark after he lived our school he go to G.J. ss. Murginthe day you leave Nigeria to your country is an unforgetable day for me that day is 14th MARCH 1986 on friday that is the day that you Leave Gbara, but I don't know the day that you fly from Nigeria to your country WALES. SEND by Abdullah h Umar Lenfa-kuso. I am Looking forward for your next exciting Letter.

YOUR'S FAITHFULLY
BY ABDULLAHI UMAR
LENFA- KUSO